LE
SUFFRAGE UNIVERSEL

CHRÉTIEN

DÉFENDU PAR LES MOINES

OU

DÉFENSE DU DROIT DE VOTE DES FRÈRES LAIS
CAPUCINS AU XVIIe SIÈCLE

PRIX : FRANCO, 2 FRANCS

PARIS

LIBRAIRIE HENRI ANIÈRE (A. BROUSSOIS)
RUE DUPUYTREN, 4

1890

LE

SUFFRAGE UNIVERSEL

CHRÉTIEN

TYPOGRAPHIE FIRMIN-DIDOT. — MESNIL (EURE).

LE
SUFFRAGE UNIVERSEL
CHRÉTIEN

DÉFENDU PAR LES MOINES

OU

DÉFENSE DU DROIT DE VOTE DES FRÈRES LAIS
CAPUCINS AU XVIIe SIÈCLE

PRIX : FRANCO, **2** FRANCS

PARIS

LIBRAIRIE HENRI ANIÉRÉ (A. BROUSSOIS)

RUE DUPUYTREN, 4

1890

PRÉFACE.

Les plus courtes préfaces sont les meilleures, celle-ci sera donc très courte. Nous ne l'aurions même pas faite, s'il ne nous avait fallu indiquer, si sommairement que ce soit, comment nous avons été amené à rééditer les deux opuscules qui suivent.

On fait parfois de curieuses trouvailles dans les vieilles bibliothèques? A combien de chercheurs cela est-il arrivé? C'est dans une vieille bibliothèque où ils dormaient ignorés que nous avons trouvé deux opuscules dus à des enfants de saint François et qui constituent une véritable apologie du suffrage universel, chrétiennement entendu et pratiqué. Ne remonte-t-il pas, ce suffrage universel, au Christ lui-même qui en jetait les fondements lorsqu'il disait à ses apôtres et disciples :

Omnes vos fratres estis (Matt. XXIII, 8-10)?
De par ces paroles, tous les disciples du
Christ sont citoyens du même royaume; ils
ont les mêmes droits, et parmi ces droits
figure naturellement au premier rang celui
d'élection. Aussi, la première élection dans
l'Église, celle de l'apôtre saint Mathias, a-t-
elle été faite au suffrage universel des cent
vingt fidèles présents (*Act.* I, 15).

Mais, avec la ferveur primitive des chré-
tiens, le suffrage universel a peu à peu dis-
paru. Saint François paraît, qui ramène le
suffrage universel avec la ferveur primitive,
en copiant le divin Sauveur. L'admirable pauvre d'Assises ne sera point le fondateur d'un
ordre aristocratique; véritablement ami du
peuple, il établira l'ordre populaire par excellence, où tous les membres, du plus élevé au
plus petit, de quelque part qu'ils viennent,
se trouvent confondus dans la vraie fraternité
chrétienne, ayant le même vêtement, le
même régime, les mêmes droits. A l'exemple
du Sauveur, François dira à ses disciples.
Omnes vos fratres estis. Et le suffrage uni-

versel reparaîtra, établi sur ses véritables bases, qui sont celles de l'Évangile : la pauvreté, le détachement, la charité. Et c'est de ce merveilleux mouvement, dont saint François a été l'initiateur, que sont sortis les peuples modernes dans ce qu'ils ont de bon.

Pauvreté, détachement, charité, tant que ces trois joyaux de la primitive Église, repris et relevés par la grande famille franciscaine, ont brillé à la couronne de l'une comme au front de l'autre, elles ont conservé avec un soin jaloux le vote universel. Certes, nous ne disons pas que l'ordre franciscain, au dix-septième siècle, alors que des esprits égarés par l'ambition et imbus de préjugés mal fondés, cherchaient à anéantir, chez les enfants de saint François, le suffrage universel, fût tombé dans le relâchement. Loin de nous cette pensée dont font justice les glorieuses annales franciscaines. D'ailleurs, quand une société possède des hommes comme ceux dont nous rééditons les deux opuscules, si elle peut subir une éclipse momentanée, elle n'est certainement pas en proie au relâchement; si la tête peut être atteinte, le corps reste sain, le cœur est intact, et sa charité sera toujours assez grande pour résister à toutes les attaques et maintenir les grands principes de la vie et de l'unité.

Ces curieux opuscules, dont nous ne soupçonnions même pas l'existence, et que nous a fait découvrir une heureuse fortune, nous ont paru revenir à une heure opportune, nous dirons presque providentielle. Le suffrage universel semble maintenant universellement accepté au moins dans notre France. Pourquoi ne pas se servir de cet instrument en le christianisant? Le vote universel est une arme puissante pour le bien comme pour le mal; il faut la défendre cette arme contre l'égoïsme, la cupidité et l'ambition. Il nous semble que les deux opuscules que nous rééditons peuvent servir à atteindre ce but, qui doit être celui de toute âme chrétienne, surtout à une époque comme celle-ci. Voilà pourquoi nous mettons sous les yeux des hommes du dix-neuvième siècle le travail de deux moines obscurs défendant au dix-septième siècle l'égalité et la fraternité franciscaines contre des ennemis qui ressemblent singulièrement à ces révolutionnaires qui, au dix-neuvième siècle, chantent la fraternité et l'égalité pour se hisser sur le pavoi d'où ils les écraseront au nom d'une prétendue liberté qui n'est que la plus exécrable des tyrannies.

Cela dit pour expliquer notre but, nous reproduisons les deux opuscules des deux moines du dix-septième siècle, dont nous avons respecté le style, charmant dans sa naïveté, nous bornant à moderniser l'orthographe.

A. R.

LE

SUFFRAGE UNIVERSEL CHRÉTIEN

DÉFENDU PAR LES MOINES.

Honneur, gloire et louange soit à Jésus, Marie, Joseph et à saint François.

Traité de droit qu'ont les Religiéux frères lais de l'ordre de Saint François d'avoir voix active et passive en toutes les élections de leur même ordre dès le commencement d'iceluy et mêmement dès la réforme d'iceluy même ordre surnommés capucins, et c'est par droit d'institut et en vertu de la règle dudit Père Saint François par eux professée également, et ainsi que les prêtres et clercs du même ordre.

Fait et composé par le Révérend Père François de Tréguier, prédicateur capucin, ci-devant Définiteur et Lecteur en Théologie, à présent gardien du couvent des capucins de Quimper et second Custode de la province de Bretagne, revu par lui et imprimé à Paris avec approbation des Révérends Pères et Théologiens dudit ordre ci-bas signé.

TRAITÉ

DU DROIT QU'ONT LES RELIGIEUX FRÈRES LAIS
DE L'ORDRE DE SAINT FRANÇOIS
SURNOMMÉS CAPUCINS
D'AVOIR VOIX ACTIVE ET PASSIVE
EN TOUTES LES ÉLECTIONS DE LEUR ORDRE.

———

TRAITÉ du droit qu'ont les Religieux frères lais de l'ordre de notre Père Saint-François, d'avoir voix active et passive en toutes les élections de leur même ordre, et mêmement dès la réforme d'icelui, surnommés capucins, ainsi que les Prêtres et clercs du même ordre. Fait par le ci-devant nommé Père François de Tréguier, prédicateur capucin, et ci-dessous signé, revu par lui, imprimé à Paris, avec approbation des Théologiens du même Ordre, aussi ci-dessous signés.

La condition des frères lais religieux capucins, ne doit pas être de petite considération dans le dit Ordre de Saint-François et dès la réforme d'icelui, surnommés capucins.

Ce sont eux qui font les offices avec tant de fidélité et de dévotion qu'ils relèvent, ou tirent cet ordre de la nécessité d'avoir des serviteurs, ce qui serait son entière ruine.

Dans tous les autres ordres encore qu'ils aient des frères lais, ils ont aussi des serviteurs et de l'argent pour les payer : ce qui fait sans doute paraître que ceux du susdit ordre des capucins, ont bien une autre ferveur et zèle, une autre humilité et piété, que ceux des autres ordres, ce qui les doit faire estimer comme les fondements cachés de cette Religion, mais néanmoins sur lesquels est élevée toute la beauté de la structure. Aussi remarquons-nous dans nos Chroniques et dans nos Annales, qu'ils ont orné cette sainte Religion également, et pour ne dire pas davantage, avec les prêtres et clercs de cet ordre par leurs exemples et sainteté de vie, et il est évident en toute l'Église, que la divine Providence a ordonné que le premier de tous ceux de cet ordre réformé surnommé Capucins, qui a été publiquement reconnu et déclaré par la Sainte Église bienheureux, c'est un frère lai, l'ornement et l'honneur de cet ordre. Dans les même Annales, il est aisé de remarquer que Dieu a révélé à ceux de cette condition de frère lai, des secrets importants pour le gouvernement de cette Religion, comme devant y avoir bonne part, et c'est l'intention de saint François, et a toujours été le sentiment de l'Ordre qu'il les fallait tenir égaux aux prêtres et clercs en toutes choses, différant seulement en ce qui regarde l'office divin et la Messe, ainsi que saint François n'y fait autre différent en sa règle : ce qui a été de si bonne odeur aux séculiers, qu'ils nous en ont toujours davantage aimés et qu'il a été indifférent à ceux qui voulaient entrer en cette Religion, d'embrasser la condition de frère lai et de clerc, ce qui nous a donné des frères lais de bonne maison et très bonne naissance, et de bons esprits et de bonne éducation, à quoi, après la grâce, il faut rapporter les services qu'ils ont rendus, et les fruits très utiles qu'ils continuent de produire.

Cela doit obliger tous ceux qui sont intéressés au bien d'une Religion si sainte, à reconnaître l'utilité, je dirai même la nécessité qu'elle a des frères lais, à les encourager à toujours bien faire, puisque de leur ruine dépend celle de tout le reste. Je sais que leur vertu est assez grande pour continuer en la pratique de leurs saints exercices quand bien on les foulerait aux pieds, et quand on en voudrait faire, pour parler avec saint Paul, *les marche-pieds et la balayure du monde*. Il faut toutefois avouer que, comme la nature humaine est grandement fragile, il y aurait sujet de craindre que quelques-uns ne puissent pas toujours continuer à se faire une si grande violence, et qu'il est comme tout certain que ce mépris, étant reconnu, serait cause que nous n'aurions plus de bons frères lais auxquels la naissance donne de si bonnes dispositions à la vertu ; mais seulement quelques pauvres garçons qui, pour éviter la misère, se rendraient plutôt nos valets que nos frères, et n'ayant point l'esprit de religion, s'adonneraient à la paresse, n'auraient point de fidélité, ni prudence, ni point de part aux intérêts de la Religion, et à l'honneur de laquelle ils feraient autant de mépris, comme on ferait d'eux-mêmes : et à la fin il y a apparence qu'on n'en voudrait plus recevoir, qu'on prendrait des valets à gages, et que tout se perdrait.

Or si jamais le danger d'un si grand malheur, qui a déjà causé de si grands maux à l'ordre de notre saint père, a paru dans notre congrégation, c'est maintenant qu'on prétend priver nos frères lais de voix en nos élections. Il y en a même qui croient que le dessein a été si bien conduit, qu'il est déjà exécuté, et qu'on l'a seulement accordé pour trente ans aux plus anciens pour les désintéresser et faire taire ; mais véritablement cette précaution est si préjudiciable à toute la Religion, qu'encore que ceux-ci le tussent, les pierres en devraient parler. Les principaux pères de l'Ordre devraient représenter au Saint-Siège les conséquences non seulement dangereuses, mais infailliblement mauvaises, qu'apporterait le changement, et parce que ceux qui auront ce bonheur d'être employés en ces saintes œuvres, seront bien aises de recevoir des sommaires des autres, chacun en pouvant avoir des particuliers, je tâcherai de faire voir en ce petit discours, que les frères lais capucins sont maintenant aussi bien que jamais dans le plein droit d'avoir voix active et passive dans nos élections, qu'ils ont toujours eu dès le commencement, et l'auront, si l'on veut conserver le bon état de la Religion ; mais pour faire voir cette vérité plus efficacement, il ne faut pas dissimuler les objections qui se peuvent faire ; au contraire, ce serait ressembler à ceux qui s'avancent dans un pays ennemi, laissant des fortes places derrière eux. Il les faut voir avec toutes leurs forces, pour les mieux combattre.

Raisons de ceux qui pensent que les frères lais n'ont point de voix en nos élections.

Je présuppose en ce discours que n'avoir point du tout de voix et ne l'avoir que pour trente ans, ce sont choses fort peu différentes, ce temps passant promptement, et ayant déjà plus de quatre ans d'écoulés.

Ils disent donc premièrement que, depuis le concile de Trente, nos frères lais n'ont voix que par un privilège de Pie V concédé *vivæ vocis oraculo*, et les souverains pontifes Grégoire XV et Urbain VIII, ayant révoqué tous les privilèges, ils sont demeurés privés de toutes voix, mais que depuis, le même souverain pontife Urbain VIII, à la prière des Révérends Pères de la Religion, a fait expédier un bref, au mois de septembre de l'année 1637, par lequel Sa Sainteté veut gratifier les dits frères lais et contenter les susdits Pères, concède que les susdits frères auront voix comme de coutume, parce que les jeunes profès, qui à l'avenir, c'est-à-dire depuis la date du dit Bref, entreront en l'Ordre et seront vêtus de l'habit des frères lais, ne pouvant avoir voix, qu'ils n'aient atteint les sept ans de religion, le présent Bref valable pour trente ans. Si ce ne sont les propres termes du susdit Bref, c'en est le sens, auquel ils disent qu'il se faut tenir absolument, et afin qu'on ne doute de l'intention du susdit concile de Trente, en voici les termes. (*Session* 22 ou 23, *De Reform.* chap. 4.) « Quiconque, dans une église cathédrale ou collégiale étant destinée aux offices divins, soit que cette église soit séculière ou régulière, n'étant point constitué en l'ordre de sous-diacre, n'aie point de voix au chapitre en telles églises, encore que les autres les lui concèdent librement. »

II. — A la sixième des décrétales, livre premier d'élection, art. 32 de ce titre, il est dit : « Dans les églises et monastères, ceux qui ne sont pas profès tacitement ou expressément ne doivent pas avec les profès, ni les convers lais avec les clercs, assister aux élections. »

III. — A la première des mêmes décrétales il est dit : « Le droit d'élire dans une église collégiale n'appartient pas à un laïc », et au chapitre de *Massona* au même lieu : « Qu'on ne présume point de faire les élections d'un pontife par les laïcs avec les chanoines. »

IV. — Au premier livre des Clémentines, titre 5 : « Les convers n'ont voix au chapitre dans les églises cathédrales ou collégiales, séculières ou régulières, encore que les autres les leur concèdent librement, s'ils ne sont pour le moins sous-diacres. »

Dans le premier livre des Décrétales, titre 14, il est ordonné que les abbés, doyens, soient faits prêtres, s'ils ne le sont ; qu'autrement ils perdent leurs dignités ; ce qui vraisemblablement se devrait entendre à proportion de nos généraux, provinciaux et gardiens, et qu'ainsi, nos frères lais ne pouvant avoir ces charges, ils sont privés par le droit au moins de la voix passive en ces élections ; et la raison de cela est que les susdites charges sont charges d'âmes, lesquelles requièrent le pouvoir d'administrer les sacrements, ce qu'on ne peut pas avoir sans être prêtre.

V. — La raison semble exclure les frères lais de pouvoir au moins être provinciaux, parce que nos Révérends Pères provinciaux ont sur nous, leurs sujets, la même juridiction que les évêques sur leurs sujets ; ils peuvent excommunier, suspendre, et ils peuvent approuver et admettre les confesseurs, donnant aux prêtres, leurs sujets, la juridiction nécesaire pour absoudre des péchés. Il semble que les frères lais ne sont pas capables de cette éminente juridiction, puisque même ils ne peuvent pas avoir la moindre qui se donne aux simples confesseurs, et qu'ainsi ils ne peuvent avoir voix passive aux élections du provincial, beaucoup moins du général.

VI. — Miranda, observantin, rapporte et cite les monuments de l'ordre où il est, et dit que le pape Grégoire neuvième, en un chapitre auquel il présida, et où fut élu le V⁰ ministre général, il rapporte, dis-je, qu'en ce chapitre tous les frères lais furent rendus inhabiles aux offices de l'ordre qu'ils avaient jusque pour lors exercés tout de même comme les clercs, et en la présence dudit pape ; et il ajoute qu'au commencement de l'ordre, les frères lais avaient exercé les offices par dispense et autorité apostolique du pape Honorius III, confirmant notre règle ; mais que le susdit pape Grégoire a révoqué cela, nonobstant toutes les raisons, et autres que je ne dissimulerais pas, s'il y en avait et que je les susse ; mais cela ne les prive point, ainsi qu'on verra.

La vraie et très assurée résolution est que les frères lais capucins ont voix active et passive en toutes les élections de l'ordre, tout ainsi que les prêtres et clercs. Cela se prouve premièrement par notre règle, chapitre 7, disant que les ministres, s'ils sont prêtres, enjoignent la pénitence, et s'ils ne sont pas prêtres, la fassent enjoindre.

Ces paroles s'entendent des ministres provinciaux et généraux ; elles signifient que les frères lais peuvent avoir ces charges, et par conséquent voix passive en nos élections des provinciaux et généraux, et à plus forte raison l'active, d'où il s'ensuit très clairement qu'ils ont voix aux moindres élections des charges inférieures aux susdites. Or que les susdites paroles (s'ils ne sont pas prêtres, etc...) se doivent entendre non seulement des diacres et sous-diacres, mais principalement des frères lais :

Primo, cela se prouve par les sentiments universels de toute la Religion dès son commencement ; il est certain qu'on les a ainsi entendus, et Miranda, cordelier, qui tâche de priver ces frères de voix, parce que dans son ordre on les en a privés, n'ose pas nier cette vérité ;

1.

au contraire il avoue que, du temps de notre père
saint François, et longtemps après jusqu'au V° ministre général, on a ainsi entendu et pratiqué la règle,
les frères lais concourant aux élections tant activement que passivement, et c'est en vertu de la seule
règle confirmée par le pape Honorius III. Voyez son
second tome du *Manuel des Prélats*, question troisième,
article second, au rapport des susdites paroles de la
règle : » Il n'est nullement défendu, mais plutôt il est
expressément concédé, ou pour le moins institué, que
les frères lais peuvent être prélats. »

Dès le commencement aussi de la réforme des frères
mineurs capucins, il est certain que c'est ainsi qu'on
a entendu la règle, car il est évident par nos Annales
qu'en cette réforme, les frères lais ont toujours concouru aux élections, et qu'entre eux, il y en a eu des
gardiens et définiteurs, et même de provinciaux. Or
je demande sur quoi on se fonde pour les faire concourir en toutes les élections. On ne dira pas que c'est
sur le droit, si bien on peut montrer que le droit ne le
défend pas, comme nous espérons faire voir. Il n'est
pas si aisé de faire voir qu'il le concède ou permet, et
si ça été sur ce fondement, cela confirmera la vérité
d'une autre résolution. On ne dira non plus que c'est sur
la coutume, car au commencement de notre réforme,
ou quand elle se commença, cette coutume était presque totalement abolie, les conventuels et observantins
(entre autres relâchés de la règle) ayant ôté, presque
par toutes les provinces de leur ordre, la voix aux
frères lais, et nos premiers pères, désirant garder la
règle à la lettre sans glose, selon l'intention de Notre-
Seigneur Jésus-Christ, se sont résolus de réformer ce
désordre de la privation des voix aux frères lais, intro-

duit contre la règle, aussi bien que les autres désordres qui avaient besoin de réforme.

2. Outre cette pratique, il est aisé de prouver par le sentiment universel de tous les docteurs qui ont jamais traité ce sujet, que la règle se doit entendre des frères lais quand elle parle de ministres qui ne sont pas prêtres, car, sans parler davantage du susdit Miranda, auteur du *Manuel des Prélats*, qui l'enseigne familièrement :

Emmanuel Rodericus, observantin, au IIe tome *des Questions régulières*, fol. 64. article 5., après avoir dit qu'en une ordonnance d'un chapitre général de son Ordre, ceux qui n'ont point d'ordre sacré n'ont point de voix aux élections des gardiens, il ajoute qu'en leur même Religion, du côté d'Italie, ils ont encore voix, sont faits gardiens et envoyés comme discrets aux chapitres provinciaux et généraux, étant munis par le privilège particulier de notre règle, qui n'est point autre que son texte, confirmée par le susdit pape Honorius III, privilège duquel parle Jean Defan; il dit que c'est le seul que nous devons désirer, savoir celui de la dite règle approuvée par le dit pape Honorius III, et que les frères Mineurs sont faits Majeurs par ceux qui relâchent la règle, comme font ceux qui se veulent attribuer ou approprier quelque autorité, ou domination, ou domaine, ou quelque chose par-dessus, ou sur les autres frères, ou autrement contre la règle, ce qu'ils ne peuvent pas faire, ayant fait vœu de pauvreté, et de ne se rien approprier, et de mener et observer la vie des frères mineurs également comme les autres frères de notre ordre, et ne se peuvent rien approprier, la règle le défendant au chapitre sixième d'icelle.

Frère Antoine de Cordube, très savant expositeur sur la règle, en expliquant le chapitre sixième d'icelle, entend les susdites paroles en même sens, et que c'est particulièrement pour les dits frères lais qu'icelles dites paroles (s'ils ne sont pas prêtres) s'entendent, la doctrine duquel je n'étendrai pas davantage en ce lieu, car elle nous servira de réponse en la cinquième et sixième objection.

Je crois que les autres expositeurs que je n'ai pas sont de même sentiment, et que jusqu'à présent, il n'y en a eu aucun si hardi de dire que, quand la règle parle des ministres qui ne sont pas prêtres, elle entend seulement parler des frères qui sont diacres ou sous-diacres, et non pas des frères lais, car ce serait faire contre la règle et la glose, ce qui est défendu par Notre-Seigneur Jésus-Christ, auteur d'icelle.

J'ajoute à tous ces témoignages l'autorité du docte Suarez, qui, pour composer ses beaux tomes de la Religion, a lu toutes les règles, comme il est aisé de colliger de ses écrits, et comme il était doué d'un grand esprit, il en a compris le sens, et dit ces propres paroles, au tome IV, livre 2, chapitre 3, que saint François a été général de son ordre, lequel toutefois n'a pas été prêtre, et au rapport, tant du dit Suarez, que de saint Bonaventure, écrivain de la vie du dit saint François, il y a apparence qu'il n'était que frère lai, de même ses premiers compagnons, quand le pape Innocent III lui approuva sa première règle, et qu'ils firent profession d'icelle entre ses mains. Et le même père saint François ordonne dans sa règle, ou plutôt Notre-Seigneur Jésus-Christ qui la lui a dictée, que les frères lais de son ordre, sans avoir les ordres sacrés, puissent être prélats, et personne n'ignore que

notre père saint François n'était que séculier, quand
Notre-Seigneur Jésus-Christ le choisit pour fonder son
dit ordre, et a voulu qu'en cette bassesse de simple
frère, il ait été premier général, et mis à chef, et par
à bout ce grand édifice de sa Religion, et montrer n'a-
voir besoin, pour ce faire, des sciences, dignités et
puissances du monde, et pour faire voir que le tout
vient de lui, et non d'icelles, et même fait voir et connaître, à l'exemple du dit père saint François, ainsi
qu'il sera dit plus amplement ci-après, que celui
des frères de ce même ordre, soit qu'il soit prêtre ou
clerc, soit qu'il soit frère lai, étant professeur de la
dite règle, et capable selon Dieu et la conscience, soit
ministre et supérieur des autres, et en suite et en
preuve de quoi quantité de frères lais du même ordre
l'ont été; et le dit saint Bonaventure remarque et
dit que, du temps de notre père saint François, et
encore après, il y avait fort peu de prêtres en son ordre;
il se voit donc par toutes ces choses ci-dessus, que les
frères lais de cet ordre sont les fondements d'icelui,
ou de cette Religion, et partant ont droit de concourir
en toutes les élections de ce même ordre. Après cet
usage et l'autorité des docteurs, la raison prouve que
les paroles du chapitre 7 de la règle qui porte de re-
courir aux ministres provinciaux, qui, s'ils sont prêtres, leur enjoignent la pénitence, mais s'ils ne sont
pas prêtres, la fassent enjoindre, se doivent entendre
principalement des frères lais, car les clercs, devant
que d'être prêtres, sont si jeunes d'âge ou de religion,
qu'il n'y a point d'apparence qu'on en dût faire des
provinciaux ou généraux desquels il est ici parlé; l'expérience, la prudence et la profonde habitude des
vertus leur manquant d'ordinaire; aussi je ne sache

avoir lu, ni entendu dire, qu'en toute la Religion il y ait eu un seul clerc, non prêtre, provincial ou même gardien, mais bien bon nombre de frères lais; que si on veut dire que saint François n'était pas prêtre, prévoyait que plusieurs imiteraient son humilité se contentant d'être diacres, et que c'est pour eux qu'il a mis les dites paroles, il faut répondre que c'est Jésus-Christ qui les a toutes dites, qui prévoyait très bien (comme dit notre père saint François au pape qui confirma la dite règle) tout ce qui devait arriver à l'Ordre. Comment est-ce donc que Notre-Seigneur aurait mis ces paroles susdites en la règle, en vue d'un exemple, qui jamais ou très rarement a été imité, et pour des personnes, à l'égard desquelles ou par lesquelles il prévoyait ou savait très bien qu'elles ne seraient jamais réduites en pratique. Elles ne sont pas inutiles, il a voulu qu'elles servissent, et veut qu'elles servent, et jamais n'ont servi que pour les dits frères lais, ainsi qu'il se voit et se prouve par les Chroniques et Annales, et par autres écrits de l'ordre, et encore par les choses ci-dessus, et comme grand nombre d'iceux ont été gardiens, custodes, provinciaux et définiteurs, provinciaux et généraux, voire commissaires généraux, et jamais aucuns clercs (non prêtres) n'ont possédé ni eu aucunes de ces charges, et c'est pour les raisons et causes susdites.

Preuves tirées de la règle.

Notre père saint François ne parle dans ladite règle d'aucunes élections que de celle du général, ce qui pourrait faire penser que, selon l'intention de saint François, il ne devrait point avoir d'autre élection, et

que le même saint avait établi dans son ordre ce que
depuis saint Ignace a fait au sien, savoir que le général
seul est élu, lequel pourvoit tout seul aux autres
charges de la Religion, ce qui se peut confirmer par les
paroles du testament du dit père saint François, où il
dit et veut fermement obéir au général ministre de cette
fraternité, et au gardien qu'il lui plaira me donner. C'est
ce que le dit saint Ignace a pu emporter de notre règle,
aussi bien que la perpétuité du général de son ordre.

Mais enfin, dans cette unique élection de laquelle
parle la règle, elle donne voix passive et active aux
frères lais ; car pour la voix active, les électeurs sont les
ministres et custodes, comme il appert par les paroles
de la règle, lequel décédant, l'élection du successeur
soit faite par les ministres et custodes, etc. Or nous
avons montré que, par la règle, les frères lais peuvent
être ministres et custodes, ils peuvent donc être électeurs du général ; ils l'ont été en effet, y ayant eu des
custodes et provinciaux dès le commencement de
l'Ordre, et spécialement en ladite réforme des capucins. Et pour la voix active et passive, *voici ce qu'en
dit la règle :* « Tous les frères soient tenus d'avoir toujours un des frères de cette religion pour ministre général », tellement que, pour l'avoir passive en cette
élection, il suffit d'être un des frères de cette religion,
et je ne crois pas que personne ose dire que des frères
lais capucins ne soient pas frères de la Religion, tout
de même comme les autres. Cette proposition serait
(s'il me semble) bien téméraire, et les frères lais de
mauvaise volonté, s'il y en avait, s'en pourraient servir
pour se décharger de toutes les obligations recomman-
dées en la règle qui s'adressent aux frères, par exemple,
ils pourraient dire que ces paroles ne les regardent

pas : « Les frères, auxquels Notre-Seigneur a donné grâce
de travailler, travaillent fidèlement et dévotement. »
Et celle-ci : « Et les frères vêtent de vils habillements »,
et beaucoup d'autres semblables. On dira peut-être
qu'ailleurs quand la règle parle des frères en général,
elle entend parler des frères lais, mais non pas en ce
lieu ; à quoi on ne doit point répondre, sinon qu'on
nie cela avec la même facilité qu'on l'avance, où il faut
remarquer que tous les commandements, admonitions
et libertés de la règle s'adressent à tous les religieux
sous le nom de frères, excepté en un seul endroit, où il
fallait nécessairement distinguer pour donner l'ordre
à tous les frères, clercs et lais, pour dire l'office divin ;
c'est au chapitre 3 où il est dit : « Les clercs fassent
l'office divin selon l'ordre de la sainte Église romaine,
et les lais disent vingt-quatre *Pater noster* pour matines,
et pour les autres heures suivantes du jour, aussi tant
de *Pater* pour chacune d'icelles, ainsi que dit la règle. »
Et partant nullement saint François adresse la parole
aux frères pour distinguer les clercs d'avec les lais, et
les obligeant également, dès le commencement, il dit,
« Et tous les frères soient tenus d'obéir à frère François
et à ses successeurs » ; c'est au premier chapitre de la
règle. Aussi n'y a-t-il pour nous tous qu'une même
forme de profession conçue en même terme, que les
clercs et lais font entre les mains de leurs supérieurs.
D'où il s'ensuit clairement que saint François donne la
voix passive, aussi bien que l'active ès-élections du
général, à tous les frères de sa Religion ; il la donne
donc à tous les frères lais d'icelle, ainsi ils l'ont par la
règle. On dira peut-être qu'il faut entendre en cette
sorte : tous les frères soient tenus d'avoir toujours pour
ministre général un des frères de cette Religion, qui

selon le droit a pouvoir de concourir en toutes les élections passivement, en quoi il faut répondre :

1° Que c'est une chose contraire à l'intention de Jésus-Christ et de saint François, parce qu'au lieu d'interpréter le texte, elle y ajoute, ce que Notre-Seigneur y a défendu par ces paroles, disant qu'il veut que la règle soit observée *ad litteram, ad litteram, sine glosa, sine glosa* (ch. 2.).

Celui qui dirait cela ne saurait pas que notre règle est plus ancienne que le droit qui parle des élections, et que tous ceux que l'on allègue contre la voix des frères lais sont plus récents que la règle, car le premier et cinquième livre des Décrétales ont été composés par Grégoire IX, qui a été protecteur de l'Ordre et pape après la mort de saint François. Le sixième est composé par Boniface VIII, qui a vécu longtemps après, et les Clémentines par Clément V, encore bien postérieur aux autres. Il n'y a donc point d'apparence de dire que ces paroles : « Un des frères de cette Religion » aient de la relation au droit qui n'était pas. Et qu'on ne pense pas, qu'il en puisse avoir un droit plus ancien, qui ne soit pas favorable aux frères lais, car en cette antiquité, les princes et les peuples, quoique composés d'hommes laïcs, avaient voix aux élections des prélats. Si on opinâtre pour ce sujet, pour dire que les saintes paroles ont du rapport au droit, qui serait écrit à présent, et qu'elles signifient qu'on peut élire un frère de cette Religion pour général, pourvu que le droit ne le défende jamais, c'est gloser, et ajouter à la règle, ce qui doit faire craindre une malédiction semblable à celle qui est fulminée contre ceux qui ajoutent à l'Écriture Sainte et qui contreviendront et gloseront la règle. Suffit que nous avons les paroles de la règle qui donne voix passive en l'élection du général aux frères lais, joint que le droit ne la leur a jamais ôtée, ni aux uns, ni aux autres, comme nous ferons voir à la réponse aux objections. Et quand le droit l'aurait ôté aux frères lais, il faudrait nécessairement avouer que la règle la leur donne. Enfin on peut tirer une troisième preuve de cette vérité de ces paroles de la règle, chapitre 8 : « Après les chapitres de la Pentecôte, les ministres et custodes puissent chacun d'eux, s'ils veulent et leur semble être expédient, la même année en leurs custodies, assembler une fois leurs frères au chapitre. » Je présuppose que d'être assemblé au chapitre, et être valent, c'est une même chose, car que peut être cette assemblée capitulaire, si on parle ici de la règle, ne fut pas pour faire aucunes élections, mais pour prendre des délibérations, sur lesquelles les frères assemblés pourraient donner leurs voix, tout de même que les pères jésuites s'appellent en congrégation sans faire aucunes élections, congrégation toutefois en laquelle certains pères déterminés par leur règle sont vocaux; ce qui semble encore avoir été emprunté de saint François ; néanmoins, il est vrai que la règle par cette assemblée entend une compagnie de vocaux. Or elle dit que les ministres peuvent assembler leurs frères au chapitre, paroles sous lesquelles sont entendus les frères lais aussi bien que les autres, et n'y a aucune raison qui puisse prouver le contraire; ils peuvent donc par la règle être vocaux ès-chapitres provinciaux, et puisque maintenant on y fait des élections, la même règle leur donne droit d'y concourir.

Étant ainsi prouvé par la règle, nos frères laïs ont droit en toutes nos élections, je le prouve en second lieu par le droit et par le chapitre *Quia propter de primo electo Gregorii*, où il est ordonné que les élections se fassent, *præsentibus omnibus*, *qui debent, et volunt, et possunt*, de tous ceux qui doivent, qui veulent et peuvent commodément y assister étant présents, paroles sur lesquelles on ne peut douter, sinon savoir si les frères *debent* doivent assister aux élections : mais ce que nous avons dit, jusqu'ici, qu'ils le doivent, la règle l'ordonne, règle qui est non seulement confirmée par le siège apostolique, mais encore expliquée, approuvée et insérée dans le droit canon, par ainsi fait droit, donnant aux frères lais droit d'élection, etc., faisant qu'ils doivent y assister.

2° Le droit ordonne en plusieurs endroits que ceux qui ont accoutumé d'assister aux élections, doivent y assister et en ont le droit; c'est ce qui paraît au livre susdit, chapitre *Cumana Ecclesia*, où il est rapporté et approuvé par deux fois, que ceux qui de droit ou de coutume assistent aux élections, doivent y assister, et au livre second *Cumana Ecclesia sutrina est irriter*, l'élection d'un évêque, parce que certaines personnes qui n'étaient pas d'église cathédrale, mais avaient accoutumé d'y assister, c'est qu'ils montrent avoir eu voix en toutes les élections des évêques précédents, n'y furent pas appelés, d'où vient qu'au même chapitre il est dit que, selon les statuts canoniques, les élections des évêques appartiennent aux clercs des églises cathédrales, si en quelque lieu autrement n'était pratiqué par une coutume spéciale. La vertu de cette coutume est encore spécialement approuvée au livre 5. C. *Ab bayes*. Sur quoi il semble que Sylvestre s'est fondé en la somme *Verbo electo numéro* 3. Les convers n'ont point de voix en l'élection des prélats, c'est son opinion, laquelle ne se peut entendre, ni être vraie au regard de nos frères lais, « si ce n'est toutefois, dit-il, qu'iceux convers eussent droit par une ancienne coutume », et pour cette partie, il cite le pape Innocent sur le chapitre 2, *De institutionibus*. Or je dis que la coutume d'avoir voix aux élections, étant si souvent approuvée par le droit, sans doute ceux qui sont en possession de cette coutume doivent concourir, et c'est par autorité du droit. Mais qui ne sait que les frères lais capucins, jusqu'au concile de Trente, duquel nous parlerons après, ont toujours eu la coutume d'assister aux élections et d'y avoir voix ; il est donc vrai que par le droit ils y doivent assister, et ainsi ils sont compris sous les paroles du chapitre *Quia propter qui debent interesse.*

3° Au chapitre de Décrétales sont excommuniés ceux qui molestent les clercs ou autres personnes ecclésiastiques, auxquels dans les églises ou autres lieux pieux appartient l'élection, à cause qu'étant priés, ou induits, ils n'auront pas voulu élire celui pour qui auraient été faites les prières ou inductions ; ces paroles sont remarquables, car il est dit : les clercs ou autres personnes ecclésiastiques auxquelles en quelques monastères appartient l'élection, car elles distinguent les clercs d'avec les autres personnes ecclésiastiques, mais parce que tous les ecclésiastiques ne sont pas clercs. Et afin que nous ne doutions point que c'est ce que le droit entend par ces personnes ecclésiastiques, voici les termes de la glose sur cette parole : Sont comme convers, templiers, hospitaliers et les chevaliers de Malte, lesquels encore qu'ils ne sont pas clercs, sont néanmoins personnes ecclésiastiques. A plus forte raison les frères lais de notre dit Ordre sont vraies personnes ecclésiastiques, puisqu'ils sont vraiment religieux profès de notre Religion approuvée de la sainte Église, ainsi que les prêtres et clercs d'icelle Religion. Il appert donc par le droit que nos dits frères lais, et comme professeurs, et étant du corps de notre sainte Religion, sont vraiment personnes ecclésiastiques, et vrais religieux, et que non seulement les clercs, mais aussi les mêmes frères lais ont voix en nos élections.

Dans le même droit cité, dans la même glose sur cette parole, *spectat*, il est ordonné que, dans une église collégiale, l'élection appartient au collège. Si donc nos églises et monastères ont quelque élection à faire, il faut que tous ceux qui sont du corps du monastère y concourent. Or il est très certain que nos frères lais ne sont pas, par exemple, comme ceux des révérends pères jésuites et autres ordres, qui ne sont pas du corps de la Religion, mais ce sont nos frères lais qui composent, avec les prêtres et clercs ou avec nous, le corps de notre Religion et des couvents aux provinces que nous demeurons, parce que, comme j'ai déjà dit, étant vraiment religieux profès de notre Religion, comme nous, ils y ont les mêmes droits et même part que nous ou que les prêtres et clercs d'icelle, et ainsi ils ont droit de voix en toute la Religion, et en toutes les élections d'icelle pour le chapitre général, dans les provinces pour le chapitre provincial, et dans les couvents pour les chapitres locaux. J'ajouterai à ce que dessus que, si quelque docteur canoniste a dit qu'en l'ordre de Saint-François les frères lais n'ont point de voix, c'est qu'il n'a pas entendu notre règle, et n'a pas su quelle est la condition des frères lais de notre Ordre. Cela est manifeste en la glose du chapitre *ex eo quod de electionibus*, etc., où il est dit que les frères lais de Saint-François n'ont point de voix aux élections, parce qu'ils ne sont pas religieux profès, raison qui est très fausse, et de laquelle nous pouvons très efficacement tirer à contre-sens notre conclusion en cette sorte : Les frères lais de Saint-François sont vraiment religieux et profès, donc ils ont voix aux élections de leur Ordre, ainsi comme les autres.

La cinquième sorte de preuve qu'on pourra apporter pour prouver notre résolution, ce serait la raison. On pourrait faire voir combien il est juste et raisonnable, utile et même nécessaire pour le maintien de notre religion, que les frères lais capucins continuent à avoir voix en nos élections selon la règle, le droit et la coutume ; mais parce que cette sorte de preuve ne serait pas beaucoup efficace en cette matière, je l'omets pour lever les difficultés qui se peuvent ici rencontrer.

RÉPONSES AUX OBJECTIONS.

Réponse à la première objection.

Pour le premier elle suppose que, par l'espace de quarante-deux ans, dès la réforme des capucins, les frères lais capucins ont concouru en toutes nos élections de l'Ordre, ce qui emporte une coutume prescrite comme portant le droit d'y concourir à tout jamais ; elle dit après cela que, depuis le concile de Trente, ils n'ont voix que par privilège de Pie V concédé *vivæ vocis oraculo.* Sur quoi je réponds : *primo* que ce n'est pas un privilège, si ce n'est que nous prenions ce mot de privilège de la confirmation de la règle, et qu'on veuille dire que le pape Pie V ait de nouveau confirmé notre règle en ce qu'elle donne la voix aux frères lais, ce qui peut être utile, mais non pas nécessaire. Il n'est pas véritable que Pie V ait fait cela, *vivæ vocis oraculo,* comme il est manifeste par les Annales de notre Ordre des capucins en l'année de Notre-Seigneur 1566 et de la Religion ou de la dite réforme la 24ᵉ, où il est rapporté qu'en cette année les frères eurent deux doutes touchant le concile de Trente, le premier en ce qui regarde l'élection des gardiens, laquelle est faite en notre Ordre par les révérends pères provinciaux et définiteurs qui toutefois, selon le concile, semblaient appartenir aux couvents.

La seconde touchant les frères lais et clercs non sous-diacres qui ont voix aux élections, et les dites Annales disent là-dessus que le Très Révérend Eusèbe Danconne, lors procureur de cour et ayant consulté là-dessus le nouveau pontife, qui était Pie V, obtint de lui deux rescrits, et lesquels encore maintenant sont très diligemment conservés dans les archives du couvent de Rome. Mais il faut ici remarquer que le R. P. Boverius, auteur des Annales, dit que les frères eurent deux doutes sur le concile de Trente, sans sujet partant, et par conséquent le Très Révérend Père reconnaît qu'ils n'eurent point d'assurance que le concile de Trente eût privé les provinciaux et définiteurs du droit d'élire les gardiens, ni les lais et clercs non sous-diacres, du droit de voix aux élections. Doutes cependant qui ont toujours été dans notre Religion le témoignagne d'une conscience timorée qui désire prendre le parti le plus sûr, et qui ont tiré des souverains pontifes tant de déclarations de notre règle, et même, comme remarque le R. P. Louis de Paris, qui ont excité les frères à proposer tant de difficultés sur la bulle *De largitione* qui nous regarde moins que tous les religieux, et cependant nous seuls, ou presque seuls, avons proposé des difficultés sur ce sujet. Mais enfin ces deux doutes furent levés, non pas *vivæ vocis oraculo*, mais *per ge-*

mina scripta, par deux rescrits qui sont gardés dans les archives de l'Ordre. Où il faut remarquer combien il est dangereux de vouloir ébranler les fondements d'une religion, car Boverius parle de ce second doute, élevé en même matière, que, si le droit n'a été concédé aux frères lais de concourir aux élections, que *vivæ vocis oraculo*, il faudrait aussi dire que les provinciaux et définiteurs n'ont droit d'élire les gardiens, que *vivæ vocis oraculo*, et ainsi les souverains pontifes Grégoire XV et Urbain VIII les ayant toujours révoqués, les élections des gardiens appartiennent maintenant au couvent, si les frères lais n'avaient ou n'ont plus de voix. Mais nous nous tenons à la vérité des Annales, et croyons que l'auteur n'a pas parlé des écrits sans les avoir vus, ou être bien assuré. J'ajouterai pourtant, pour ne rien céler de ce qui se peut proposer pour faire voir la vérité de notre résolution, que sans rescrit concédant aux provinciaux le droit d'élire les gardiens, il y aurait quelque sujet de douter après le concile de Trente, mais sans rescrit qui concède la voix aux dits frères, nous ne laisserons pas de croire assurément qu'ils l'ont de la règle, la règle la leur donnant qui n'a point été abolie en ce point par le concile, au lieu que la même règle ne donne pas le susdit droit à la définition, et je pense que ceux qui ont obtenu le nouveau Bref, dont nous devons parler incontinent, n'ont pas pris garde à cela, car ils eussent dû avoir autre confirmation du droit de la définition, ce que toutefois ils n'ont pas fait, et ainsi ce n'était nullement nécessaire, non plus que celui qu'on a obtenu pour les frères lais.

Pour suivre ce qui est proposé en la même objection, j'accorde que tous les privilèges concédés *vivæ vocis oraculo* sont révoqués, mais je nie que les rescrits des Pie V soient de cette nature, et nos constitutions y sont assez claires, car sans parler de cet oracle de vive voix, elles disent que les frères lais peuvent avoir voix, et c'est par déclaration, et permission de Pie V dont les Révérends Pères ont le rescrit par devers eux en ces paroles des constitutions, ce sont termes de déclaration et grandement considérable; car il ne peut signifier autre chose sinon que le pape déclare au T. R. P. procureur de cour de l'Ordre, que le concile de Trente n'a point ôté la voix aux frères lais; ce qu'ayant été déclaré, s'ensuit la permission d'agir selon notre ancienne coutume et notre institut.

L'ordre de la même objection nous oblige à parler du Bref nouvellement expédié au mois de septembre de l'année 1637 sur lequel, en premier lieu, on peut dire avec vérité, qu'il n'a révoqué, ni cassé, ni annulé aucun point de notre règle ni ancienne coutume, ni aucune déclaration des prédécesseurs de Sa Sainteté; elles demeurent toutes en leur vigueur, comme nous les avons représentées.

2° Nous pouvons dire assurément qu'il a été obtenu comme beaucoup d'autres privilèges et déclarations par des Pères de consciences et timorés. Les docteurs remarquent presque perpétuellement, que de ce principe sont émanés beaucoup de privilèges déjà autrefois concédés et nullement nécessaires. Mais néanmoins paroc que le Bref n'étant que pour trente années pourrait toujours causer des scrupules aux frères, il est très expédient, sauf toutefois un meilleur avis, que les Pères de la Religion les fassent révoquer, ou expliquer, ce que toutes les provinces supplient avec toute humilité les très Révérends Pères de la définition générale de procurer la révocation auprès de Sa Sainteté ; que si on voulait soutenir que ce Bref est subreptice, ce qu'il ne faut pas présumer, attendu la piété signalée de ceux qui l'ont obtenu, qui n'ont agi qu'en toute sincérité, certainement on ne manquerait pas des moyens de ce faire.

Disons donc que ç'a été par un excès de crainte et des bonnes consciences, pour mieux affermir l'affaire, qu'on a représenté au pape que les frères lais n'ont voix que par privilège, encore qu'ils l'aient par la règle ; que Pie V ne l'a concédé que *vivæ vocis oraculo*, encore que ce fût par un rescrit ; que le concile de Trente la leur ôte, qui toutefois n'en parle pas comme nous verrons. Que peut-être on pourrait avoir exposé quelque chose sans y penser, qui aurait fait croire à Sa Sainteté que les frères lais parmi nous ne portent pas le même habit que les clercs, vu qu'elle parle en son Bref de ceux qui à l'avenir seront vêtus de l'habit des frères lais, comme s'il était différent des autres que portent les clercs ; tout cela, dis-je, doit être cru avoir été fait sans des mauvais desseins ; mais comme nous croyons qu'en la supplication et remontrance qui a été faite au pape, ceux qui l'ont faite ont procédé avec toute sorte de candeur, et ayant dessein d'obtenir un Bref, non pour trente ans, mais à perpétuité, comme celui de Pie V, aussi devons-nous croire qu'ils ne refuseront pas de s'employer pour faire révoquer ou expliquer celui-ci, ce que Sa Sainteté jamais ne refusera aux Révérends Pères de l'Ordre, quand ils le lui représenteront, qu'autrement nous ne garderons pas notre règle, qu'il en faudrait retrancher ou changer trois passages, et que notre règle, ou notre Religion, ne se pourrait maintenir en union et charité, ni même sans danger de

transgresser les *vœux essentiels*, et principalement celui de la pauvreté, par la nécessité qu'on pourrait avoir
de tant de valets et d'argent pour les payer. — Reste,
pour satisfaire à cette première objection qui est la
puissante, de faire voir que ledit concile de Trente ne
prive point les frères lais de voix.

Il y a des déclarations de la Sacrée Congrégation
des éminentissimes cardinaux.

La dite Congrégation des cardinaux, établie sur le dit
concile de Trente, a déclaré que ce décret ou canon
4 de la réforme de la susdite session 23 ou 24, ne comprend pas les monastères des ordres mendiants et réguliers.

Et la même sainte Congrégation, au rapport de Rodriguez, s'expliquant plus clairement, a décidé que ce
même décret ou canon de la dite session ne s'entend
point du tout des dits ordres mendiants, ni ne déroge
en aucune manière aux constitutions et statuts des religieux d'iceux ordres, auxquels les frères qui ne sont
pas *in sacris* ont voix active et passive par les statuts,
et par la pratique de l'ordre ou de telle religion.

Cette déclaration se trouve dans l'édiction ou addition du dit concile imprimée à Tournon, 1621, non pas
dans le corps du texte ni des déclarations, mais sur la
fin du livre sous le titre de Déclaration *prætermissa*, et
sur le chapitre 4 susdit de la session 22 ou 23. Il y a
congregatio concilii, etc.

Rodérius, au chapitre 2 *Des questions régulières*
(question 22, article 5), rapporte qu'un très fervent docteur, premier professeur du sacré canon de l'Université
de Salamanque, a soutenu et confirmé que le dit cha-

pitre ou décret du même concile ne s'entend point des ordres de religieux mendiants, comme le même Roderius, au livre susdit, tient et prouve doctement, et montre comme ce chapitre s'entend seulement des dites églises cathédrales, ou de celles des chanoines réguliers. Après cela, il n'y a plus aucun sujet de douter, ni de dire que le dit concile prive de voix les dits frères qui ne sont pas *in sacris*, n'en ayant pas eu la pensée, et, pour preuve infaillible de telle vérité, il ne faut que lire et considérer attentivement les termes du dit sacré concile de Trente, et voici, ci-après, comme il parle en la dite session 22 ou 23 *de la réforme*, chapitre ou canon 4, dont est question, en ces propres termes.

Canon 4 de la dite session. « Quiconque étant sujet au divin service en une église cathédrale ou collégiale, séculière ou régulière, n'a pas pour le moins l'ordre de sous-diacre, qu'il n'ait point de voix au chapitre en ces églises, combien que les autres lui aient librement concédé. Ceux qui ont aux dites églises, dignités, personats, offices, prébendes, portions ou autres bénéfices quelconques, ou en auront pour l'avenir, auxquels il y a diverses charges annexées, c'est à savoir que les uns aient à dire et chanter les messes, les autres les évangiles, les autres les épîtres, qu'ils soient tenus de dans un an, s'il n'y a un juste empêchement, de prendre les ordres qui y sont requis, quelques privilèges qu'ils aient, exemptions, prérogatives ou titre de noblesse, autrement qu'ils viennent à encourir les peines selon la constitution du concile de Vienne, qui commence *Ut ii qui*, laquelle il renouvelle par le présent décret, et que les évêques les contraignent d'exercer les dits ordres par *eux-mêmes*, *aux jours ordonnés*, et de faire tous les autres offices, qu'ils doivent au divin service, sous les mêmes et autres, voire et plus grièves peines qu'ils supposeront, selon leur jugement, et que pour l'avenir, on ne pourvoie point d'autres, que ceux qu'on connaît qu'ils ont entièrement l'âge et autres habiletés ; autrement que la provision soit de nul effet. »

Le dit concile poursuit en insérant dans son livre la dite constitution du dit concile de Vienne, et dit la constitution qui commence *Ut ii qui*.

« Afin que ceux qui sont sujets au divin office ou y seront sujets pour l'avenir, aux églises cathédrales ou collégiales, séculières ou régulières, soient induits plus aisément à prendre les saints ordres, nous ordonnons que d'ici en avant il n'y ait personne qui ait voix au chapitre en telles églises, combien que les autres lui octroient librement, s'il n'a pour le moins l'ordre de sous-diacre, et ceux qui ont maintenant paisiblement, ou auront à l'avenir, aux dites églises, dignités, personats, offices ou prébendes auxquelles il y a certains ordres annexés si dedans un an ils ne se font promouvoir à ces ordres, s'il n'y a un juste empêchement, que dès lors n'aient en façon quelconque voix au chapitre d'icelles églises, et que la moitié des distributions qui se donnent à ceux qui assistent à certaines heures leur soit ôtées nonobstant quelconques coutumes ou statuts, les autres peines qui sont ordonnées de droit contre ceux qui refusent d'être promus aux saints ordres ayant à demeurer en leur force et vertu. »

L'on voit donc, par les propres termes avec lesquels le dit concile parle, qu'icelui concile ne comprend, ni entend de parler des églises des religieux mendiants, mais des chanoines réguliers ; cela se prouve par le droit, qui distingue en cette sorte, c'est *in capite Elect.* chapitre *Ex eo quod*, où sont ces termes *ecclesiis quoque*

2.

regularibus, vel monasteriis, où il se voit que les églises appelées régulières sont distinguées des monastères; et le dit concile parlant clairement dit seulement des dites deux églises, savoir quiconque dans une église cathédrale ou collégiale, soit séculier ou régulier, n'est donc pas entendu une église de monastères de religieux mendiants.

Après cela le concile poursuit, *divinis mancipatus officiis*, paroles très remarquables et indubitables pour le droit des frères lais, car par icelles paroles le dit concile déclare ne parler que de ceux qui peuvent posséder des revenus ou bénéfices, prébendes ou portions, et semblables, et qui sont destinés à faire le service divin, chanter l'office, dire les messes, etc. On peut donc voir de plus fort que le concile n'entend point parler des ordres des mendiants, spécialement de celui de notre père saint François, puisqu'il ne peut avoir ni posséder, ni en commun ni en particulier, aucuns bénéfices, prébendes, portions, ni aucune chose. Et quand le dit chapitre ou canon 4 de la dite session s'entendrait des monastères des religieux mendiants, ce qu'il ne fait pas ainsi qu'il se voit et se prouve, il ne parlerait ni priverait de voix, que les clercs qui n'auraient pas l'ordre de sous-diacre, et laisserait les frères lais, qui dans l'église ne sont pas destinés à chanter l'office divin, les laisserait, dis-je, dans leur droit de concourir en toutes élections et par ce même qu'ils en étaient en possession dès le commencement de l'Ordre, et singulièrement dès la dite réforme du dit Ordre surnommé capucins, et l'étaient actuellement à la face du dit concile de Trente, et même dans la supériorité, puisque pour lors ou en même temps du dit concile, ils étaient supérieurs, même des uns supérieurs majeurs, et c'est en vertu de notre sainte règle approuvée de l'Église tant de fois, et partant le dit concile n'y a voulu déroger, et comme étant même les fondements du dit Ordre.

Aussi dans nos anciennes constitutions, qui furent faites du temps d'iceluit concile de Trente, en ce qui regarde le doute survenu, et que quelques frères de l'Ordre ont eu sur le dit décret ou canon quatrième *de la réforme* de la dite session 22 ou 23 pour ce qui concerne les dites voix, il ne se parlait point de frères lais; il s'y parlait, ou il y avait seulement les clercs, quoiqu'ils ne soient pas sous-diacres, peuvent avoir voix aux élections, nonobstant le concile de Trente, et c'est du depuis qu'on y a ajouté, et les lais. Ce qu'étant de très grande importance pour le mieux confirmer, savoir que le dit chapitre ou décret 4 du dit concile est proprement une confirmation de la constitution du concile de Vienne qui commence *Ut ii qui*, comme il est porté dans le même chapitre, dans laquelle constitution sont les mêmes paroles, *Divinis mancipatus officiis*, ou semblables, *Ut ii qui divinis in Cathedralibus, vel Collegialibus, secularibus, vel regularibus, sunt mancipatis officiis, vel mancipabuntur in posterum*, etc., et il paraît qu'il n'est point parlé des frères lais qui en chantent point l'office, c'est-à-dire que l'Église ou la règle ne les y oblige pas; c'est pourquoi la glose sur cette parole *Mancipari* dit expressément, tels que sont les convers ou laïcs profès, principalement dans les églises régulières; il ne pense pas de changer rien par cette constitution, ni par conséquent par le concile de Trente, qui ne parle pas des frères lais, qui ne sont pas *divinis mancipati officiis*, à quoi j'ajouterai que, pour entendre cette constitution du concile de Vienne, et le chapitre de celui de Trente, il faut considérer quelle a été la fin du législateur, laquelle ne fait pas diminuer de la susdite constitution, et qui est afin que ceux qui sont destinés aux offices divins soient induits et portés avec plus d'inclination à prendre et recevoir les saints ordres, et ne le faisant, c'est pour cela qu'il les prive de voix, jusqu'à ce qu'ils aient pris le sous-diacre, ce qui manifestement ne se peut entendre des religieux mendiants, principalement des frères lais d'iceux ; aussi le dit concile n'entend point de parler d'eux, ou des dits ordres mendiants et réguliers, ni les comprend en son dit décret ou canon 4 de la dite session 22 ou 23.

Et pour en faire voir plus amplement la vérité, et pour plus grandes preuves de cela, il ne faut que voir et lire le dit concile de Trente en la dernière session d'icelui, et neuvième sous le pape Pie IV. Canon premier d'icelle session, où il parle et traite en après, et en particulier des dits ordres mendiants et réguliers, ce qui fait connaître indubitablement qu'il n'a pas entendu d'en parler, ni entend de les comprendre en la susdite session 22 ou 23 et canon 4 *de la réforme*, car s'il avait entendu de les comprendre, il en aurait parlé évidemment, clairement, intelligiblement, particulièrement et spécifiquement, et n'en aurait pas puis en après traité, comme il fait en la dernière session, particulièrement et spécifiquement comme fait, ainsi que s'ensuit, en ces propres termes au dit canon, premier d'icelle dernière session, disant ainsi au dit canon qui suit.

Le même saint concile, poursuivant la réformation, a été d'avis d'ordonner ce qui s'ensuit.

Des réguliers. Canon premier.

« Pour ce que le dit concile n'ignore pas quelle splendeur et quel profit vient en l'Église de Dieu des monastères dévotement institués, et bien administrés ; il a jugé être nécessaire, afin que l'ancienne régulière discipline soit plus aisément et mûrement restaurée, là où elle est déchue, et qu'elle se conserve plus constamment, là où elle a été conservée, de commander, ainsi qu'il commande, par ce décret que tous les réguliers, autant hommes que femmes, ordonnent, règlent leur vie selon que prescrit la règle de laquelle ils en ont fait profession : *Et in primis*, qu'ils observent fidèlement tout ce qui appartient à la perfection de leur profession, comme obédience, pauvreté, et chasteté ; s'il y a quelques autres vœux particuliers d'aucune règle et ordre, appartenant respectivement à leur essence, et aussi à la vie commune, leur vivre et accoutrement, et que leurs supérieurs soient soigneux et usent de toutes diligences, tant en leurs chapitres généraux et provinciaux qu'en leurs visitations, lesquelles choses, ils n'aient à faillir de les faire en leur temps, qu'ils ne s'en départent point et ne les aient à laisser, attendu que c'est chose assurée, qu'on ne peut relâcher ce qui appartient à la substance de la vie régulière, car si on ne conserve exactement les choses qui sont basses ou bases et fondements de toute la discipline régulière, il faut nécessairement que tout l'édifice aille par terre. »

Il se voit donc clairement et évidemment par ce dit canon que le dit concile n'a entendu de parler, ni de comprendre au dit canon 4 *de la réforme* de la dite session 22 ou 23, les dits ordres mendiants et réguliers, ni de priver les dits frères lais de leur dit droit de concourir en toutes les élections de leur ordre.

Au contraire, il veut et entend, voire commande par ce même décret, ou canon premier de la dite dernière session, que les mêmes réguliers des dits ordres, observent et conservent tout ce que prescrit leur règle exactement; même les choses qui sont basses ou bases et fondements de la religion; après quoi il n'y a rien plus à douter, ni à dire, ou disputer, ni à contredire sur ces choses dont est question.

Donc de tout ce que dessus il paraît que le dit Bref du pape Pie V, ni celui d'Urbain VIII n'étaient nécessaires pour donner ou concéder la voix aux dits frères lais en nos élections, et qu'ils ont été obtenus par des personnes de conscience et timorées.

Pour la réponse à tous les droits qui sont allégués en la seconde et troisième objection, il suffit de dire qu'ils ne nous ont jamais obligés, attendu que, par une pratique de quarante-deux ans, dès la dite réforme, nonobstant icelle, on a fait concourir nos frères lais aux élections dans notre sainte réforme, ce qui suffit, outre la règle, pour introduire une coutume qui a vigueur de soi, ou est autorisée par plusieurs passages du droit.

Outre cela, pour une autre réponse générale à ces dits droits, on peut dire qu'ayant été écrits depuis notre règle qui concède la voix aux frères, pour y déroger, il en fallait faire mention, ce qu'on n'a pas fait, ce qui encore sert de réponse au texte du sacré concile de Trente, quand bien il parlerait de nous, ce qu'il ne fait pas en ce dit canon 4.

Le saint concile ordonne souvent plusieurs choses qu'il veut être gardées, nonobstant toutes coutumes, contention, et auxquelles il déroge pour le point dont il parle ; mais au chapitre dont il est question , il n'y est point, et ainsi notre règle et ancienne coutume demeurent en leur vigueur. Joint que je ne vois pas que le concile ordonne jamais aucunes choses contre les paroles formelles d'aucune règle approuvée de l'Église. Si les susdits droits allégués avaient maintenant vigueur, il aurait eu tout de même devant le concile de Trente, et en ce temps là les clercs non sous-diacres et les lais ayant concouru en nos élections, il faudrait que jamais il n'y en aurait eu des canoniques en notre réforme, et qu'ainsi il n'y aurait jamais eu ni discret, ni provincial, ni gardien, ni général qui aient été bien élevés. Ce qui n'est pas imaginable, puisque maintenant, nonobstant tous ces droits, sans aucune dispense, ils y concourent, d'où il s'ensuit qu'ils n'ont point de vigueur pour nous. Sur quoi il n'est pas hors de propos de remarquer que plusieurs docteurs estiment, et principalement Suarez et Rodriguez, que le droit ne prive les frères de voix, ce qui rend cette opinion probable. Comment est-ce donc qu'on n'y a jamais eu égard en notre Ordre depuis 1564? sans doute parce que la règle approuvée de l'Église, et même dans le droit, confirmée par une ancienne coutume, donne voix aux clercs et aux lais, et le droit n'ayant rien abrogé de cela, il n'a pas laissé de passer outre sans aucun scrupule. Ce qui me paraît d'autant plus vénérable que le texte du concile de Trente sur lequel maintenant on se fonde, n'est point différont do la constitution do colui do Vienne, *Ut ii qui.* D'où vient donc qu'on fait des difficultés sur le concile de Trente et qu'on n'a jamais fait sur celui de Vienne qui a été fait ou tenu longtemps auparavant, et quoiqu'il dise la même chose, ou porte les mêmes choses.

Certainement cela m'étonne, et d'effet cela est étonnant, puisque l'on voit clairement qu'il n'y a aucun sujet de douter, ni d'apporter telles difficultés, ni de le vouloir fonder ou prendre prétexte sur le dit décret ou canon 4 *de la réforme* de la dite session 22 ou 23, pour priver les frères lais du droit de concourir en toutes nos élections que la règle leur donne et qu'ils ont toujours eu dès l'institution de l'Ordre, et même qu'en se faisant ou laissant priver de voix, ils sont contre la dite règle, et l'intention de Notre-Seigneur Jésus-Christ, et de saint François, voire contre le décret ou canon premier de la dite dernière session du dit concile. Et partant que l'on considère bien, que ce faisant il semble que l'on choquerait Notre-Seigneur Jésus-Christ, et saint François, car nos frères lais sont vraiment religieux et professeurs de leur sainte règle, en leur vrais enfants, en la même façon comme nous, et ont même part au bien de la Religion et même obligation à sa conservation et maintien que nous pour avoir fait les mêmes vœux. Donc il ne serait pas raisonnable de les faire obliger à l'observance de toute la rigueur de notre sainte règle, et les vouloir priver de ce qui est favorable pour tous les professeurs d'icelle : il faut donc bien considérer et prendre garde que, venant à contrevenir à la règle, on ne vienne à encourir l'indignation de Dieu tout-puissant, que le saint Père le pape dit et fulmine en la bulle de son approbation de la même règle contre ceux qui y contreviendront, car c'est l'esprit de Dieu qui parle par icelle en Notre-Seigneur Jésus-Christ qui la donne au même père saint François, et faut penser que le même Jésus-Christ étant notre juge, et celui qui est offensé, fera rendre un très riguoreux compte à l'heure épouvantable de la mort à ceux qui auront fait contre la règle et ses intentions en icelle, et que peut-être pour lors ils voudraient bien n'avoir été que frères lais.

Réponse à l'objection seconde.

Mais pour dire en un mot de chacun de ces traités.

Le premier dit que les convers laïques ne doivent pas assister aux élections. Sur quoi la glose dit : *De conventis ergo hic loquitur : monachi ergo, vel fratres professi indistincti admittuntur.* Il parle ici des convers, des moines dont les frères profès sont indifféremment admis aux élections. Il y a bien de la différence entre les convers et les frères lais de notre Ordre ; ceux-là ne sont pas proprement religieux, mais ceux de notre Religion le sont ainsi que les prêtres et clercs. Les convers proprement sont des demi-religieux que nous voyons parmi les carmes déchaussés de cette province et des tierceles dont il est parlé aux avis du dernier hapitre gènéral que le Très Révérende Pére général a concédé à quelques couvents, ou provinces ; ceux-là n'ont point de voix aux élections, mais nos frères lais, qui sont *fratres professi*, aussi bien que les prêtres et clercs de notre Ordre, ont voix tout de même qu'eux. Voyez Miranda, au *Manuel des Prélats*, question 20, où il prouve amplement que nos frères lais ne sont pas convers, mais vrais religieux, et ainsi le droit ne parle point d'eux.

Réponse à la troisième objection.

Les chapitres *Sacrosancti* et *Massona*, desquels quelques docteurs se servent, parlent clairement des hommes laïcs séculiers, et ainsi ne font rien à ce sujet. Ce que Suarès reconnaît tome 4 (*De religione*) livre 2, chapitre 4, encore qu'il tâche de s'en servir, non pas pour les frères lais de Saint-François, desquels il tient qu'ils ont voix par la règle, mais pour ceux des autres ordres. Au livre 3, objection 3, du chapitre *Ut ii qui,* est amplement résolue la réponse à l'objection tirée du concile de Trente.

Reponse à la quatrième objection.

Le droit ordonne que les abbés, doyens, et présupposés se fassent prêtres, et les archidiacres se fassent diacres; qu'autrement ils perdent leurs dignités et prélatures, et c'est un droit rigoureux qu'il faut restreindre plutôt qu'étendre, et ne faut pas argumenter de ce droit pour les gardiens, procureurs, etc., parce que *argumentum a simili in jure non valet :* dans le droit les arguments tirés de semblables ne sont pas valables; mais pour la raison qui est ajoutée à cette objection, j'avoue que saint Bonaventure, sur le chapitre 7 de la règle, dit que régulièrement il est meilleur, s'il semble, que les prélats soient prêtres, *et que cæteris paribus;* mais néanmoins il faut remarquer et considérer en ceci que Notre-Seigneur voulant instituer et fonder cet ordre des frères mineurs, il n'a pas choisi, pour ce faire, des prêtres, ou la dignité sacerdotale, ou des prélats, ou personnes doctes ès sciences humaines, ni des nobles, riches et puissants de ce monde, et comme il le voulait fonder sur la pierre ferme de son saint Évangile en une étroite pauvreté et profonde humilité, en simplicité et mépris des riches-

ses et vanités du monde, en uniformité et conformité
entre les religieux de ce même Ordre, et sur l'esprit
de dévotion et de sainte oraison : il prévoit très bien
tout ce qui en devait arriver, et que difficilement semblables dignités, sciences, noblesses, puissance, et autres telles conditions humaines et du monde terrien
s'accorderaient avec la même pauvreté, humilité et
simplicité, et n'observeraient ou ne garderaient l'uniformité en cet Ordre, a choisi, comme il fit, pour fonds
de son saint Évangile, des hommes de basses conditions, simples, sans lettres, ignorants les sciences humaines, à savoir notre père saint François, et ses premiers compagnons, hommes simples, pauvres et idiots
ès sciences humaines, comme dit le même père saint
François en son testament, mais humbles et vrais
mépriseurs des richesses et vanités du monde, et gra-
ves et savants en la science du ciel, pour commencer et
jeter les premiers fondements de cet édifice de sa
sainte Religion, et sur la même pauvreté, humilité,
simplicité, et uniformité, et conformité, et pour premiers fondateurs et premiers supérieurs d'icelle, ou
de cet Ordre, et pour le mettre à chef, comme il a fait,
et n'étant même encore le dit père saint François,
comme il a déjà été dit ci-devant, que frère lai,
lorsque le pape Innocent III lui approuva sa première
règle et qu'il le fit général de tout son Ordre. Saint
Bonaventure et Suarès le rapportent même, comme il
a été dit ci-dessus. De même les dits premiers compagnons n'étaient aussi que frères lais pour lors, et
cela se collige dans les mêmes vieilles chroniques de
l'Ordre, Notre Seigneur voulant faire voir par ces bas-
sesses, ou par ces moyens, que cette œuvre et cette
institution viennent de lui seul, et non de l'industrie des

hommes, ni de la dignité, ni de la science, ni de la puissance humaine, et afin qu'à lui seul fût attribuée et donnée toute la gloire et la louange, et par même moyen le même Seigneur Jésus-Christ a voulu faire voir et connaître, à l'exemple de notre père saint François et de ses premiers compagnons, que son intention et celle du même père saint François est, et qui paraît même dans la règle, que celui des frères de cet Ordre, quel qu'il soit, clerc ou lai, étant capable selon Dieu et la conscience, ayant l'esprit de pauvreté, d'humilité, de simplicité et de conformité, gouverne en cet Ordre, et soit supérieur des autres religieux d'icelui, afin que cette sainte pauvreté, humilité, simplicité, uniformité, conformité, y soit observée et gardée perpétuellement et entre tous les religieux du même Ordre, et le saint Évangile de Notre-Seigneur Jésus-Christ soit aussi observé, ainsi que notre père saint François dit dans sa règle, à la plus grande gloire de la divine Majesté, et au salut éternel des âmes; car si les frères de cet Ordre ainsi fondé, quels qu'ils soient, qui sont ou seront faits supérieurs en icelui, n'ont toutes ces qualités susdites, n'observent et ne fassent observer toutes ces mêmes choses, qui sont bases et fondements de cet Ordre, ou qu'elles ne viennent à être gardées et observées, ainsi qu'il a été dit, et que dit notre règle, il faut nécessairement, comme dit le dit concile de Trente, au canon premier de la dernière session d'icelui, et peut arriver qu'un frère lai ayant ces qualités, et qui sera d'une si grande prudence et sainteté, qu'il sera plus propre à être gardien ou supérieur qu'un prêtre qui ne les aura pas; et Dieu a révélé à ceux de cette condition de frère lai des secrets importants pour le gouvernement de cette Religion,

comme il a déjà été dit, et lorsqu'ils étaient supérieurs, ils faisaient administrer les sacrements à leurs
sujets par les prêtres de leurs familles, et cela se voit
dans nos *Chroniques*, et dans nos *Annales*, et comme
indifféremment, tantôt les uns, tantôt les autres, des
prêtres et des frères lais étaient supérieurs, gardiens,
définiteurs et provinciaux, avec une conformité entre
eux, et ainsi faisant, et observant simplement la règle
à la lettre, sans glose, ils étaient et ont été tous des
saints, ainsi qu'il est écrit et paraît dans les mêmes *Annales et Chroniques*, quoiqu'on ait beaucoup
changé des dites *Chroniques* et omis des dits frères
lais, qui ont été élevés diacres, et envoyés ès chapitres provinciaux et généraux, et autres qui sont encore à présent supérieurs et gardiens parmi nous autres capucins.

Réponse à la cinquième objection.

Un frère lai de notre dit Ordre qui serait provin
cial ou général, comme il le peut être, aurait juridiction épiscopale sur ses sujets, et le pape qui confirme
la règle, la lui donne, et en ce cas voyez Conius *De sacra*,
au traité des censures, dispute 13, doute 4, où il enseigne que le pape *ex plenitudine potestatis* pourrait
confirmer cette juridiction à un homme purement laïque, c'est-à-dire séculier, quoique marié, et il est bien
certain que cette juridiction ne suppose pas les ordres
sacrés, et il suffit d'une puissance nominative pour le
gouvernement; et c'est pourquoi les évêques, devant
que d'être sacrés, le peuvent exercer; voilà pourquoi
Miranda, livre 2, *Manuale Prelatorum*, question 3, ar-

ticle 2, et Cordube rapportent que les frères lais de notre Ordre qui ont été prélats, faisaient toutes les charges que font les évêques élevés et non encore ordonnés ; ils se réservaient des cas desquels aucun de leurs sujets ne pouvaient absoudre, sans leur licence ; ils imposaient des prêtres spirituels commandant par obéissance et excommunication ; ils tiraient et instituaient des confesseurs, des prédicateurs, et il se voit même dans nos *Chroniques* où il est porté.

Réponse à la sixième objection.

Concédant à Miranda la vérité déterminée qu'il rapporte, je dis que, si Grégoire IX a révoqué les privilèges de la confirmation de la règle donnée par Honorius III, afin de priver les frères lais de la voix, il s'ensuit évidemment que la règle la leur donne, mais *secunde;* je dis que cette révocation est un privilège contraire à la piété et observation de la règle, auquel privilège et à tous les autres semblables, nous avons renoncé et renonçons publiquement dans nos constitutions, la voulant garder purement à la lettre selon l'intention de Notre-Seigneur Jésus-Christ, et de notre père saint François ; mais les Révérends Pères de l'Ordre qui vivaient de ce commencement, déclarent bien au long ce qui se passait pour lors et ont laissé par écrit que ce fut seulement une ordonnance lue à la présence du dit Grégoire IX, laquelle n'eut et ne peut avoir aucune valeur, étant contre la règle, et partant fut révoquée. *Infirmamentum trium ordinum primo, parte immemoriali ordinum Minorum* (folio 28). Les commissaires généraux, les gardiens, les définiteurs et gardiens frères lais, qui furent et ont été élus depuis, comme prouve l'histoire, confirme cette vérité.

Il paraît donc de ce que dessus, que les frères lais capucins ont voix active et passive en toutes nos élections, que la règle la leur donne, que le droit y est favorable, qu'il n'y a aucun qui la leur ôte, que le dit concile ne leur déroge rien, que le Bref de Pie V qui fut donné de quarante-deux ans de la Religion, soit de la réforme, est une déclaration écrite et non pas un privilège de vive voix; que le nouveau droit ou Bref du dit saint père le pape, à présent saint, ne la leur ôte pas; que s'il l'accorde pour trente ans, c'est un surcroît de confirmation de leur droit pour ce temps-là; mais d'autant que ce Bref a étonné les frères de cet Ordre, il est expédient de le faire révoquer. Qu'après tout Sa Sainteté ne peut ôter la voix aux frères lais que par la plénitude de sa puissance apostolique abolissant une partie de notre règle, ce que tous les religieux de l'Ordre doivent, avec toute humilité, prier Sa Sainteté de ne le faire pas, laquelle par sa toute-puissance peut abolir toutes les élections de la Religion, aussi bien à l'égard des prêtres que des frères lais.

C'est ainsi que je le prouve avec toute soumission à la correction du saint-siège apostolique, et de nos pères, moi soussigné prédicateur capucin, ci-devant définiteur, et lecteur en théologie, à présent gardien du couvent de Quimper et second custode de la province de Bretagne.

Père FRANÇOIS DE TRÉGUIER,
Capucin indigne.

APPROBATIONS.

Nous soussigné, prédicateur et lecteur en théologie, certifions avoir lu, exactement et avec sentiment de notre protection, ce petit traité du droit de voix active et passive qu'ont les religieux frères lais capucins en toutes les élections de notre Ordre, suivant l'esprit de notre dit père saint François, composé par le Révérend Père François de Tréguier, gardien des capucins de Quimper et custode de la province de Bretagne, ci-devant lecteur en théologie et définiteur, qui prouve cette matière par des raisons et autorités si claires et donne des réponses aux objections contraires si doctes et solides, que le tout est capable de convaincre les esprits, qui jusqu'à prsésent auraient pu avoir des pensées contraires, et reconnaîtront le véritable esprit de notre père saint François manifesté dans la règle ; en foi de quoi nous avons ici mis notre seing, pour témoigner au public que notre sentiment est entièrement conforme à celui de l'auteur, dont le dessein et le zèle méritent une immortelle louange, ayant si dignement décrit pour le bien de la Religion et la pure observance de notre sainte règle. Fait à Paris, au couvent des capucins, ce 27 mai 1642.

Frère ANTOINE DE LÉON,
Lecteur en théologie, capucin.

Nous soussigné certifions que le présent traité qui confirme que les frères lais de notre Religion ont voix active et passive dans nos élections, composé par le

Révérend Père François de Tréguier, est digne d'être lu et exposé au public; le poids des raisons dont il a autorisé le point de la règle, les luminaires dont il éclaire cette vérité et qui écartent les ténèbres qui semblent l'éteindre, sont si clairs, qu'il fait que ceux qui jusqu'à cette heure en ont douté, ou ne l'ont pas vouloir voir, se rendent à tant de forces et de clartés : et comme j'ai toujours eu le même sentiment que l'auteur, je le confirme par mon seing. Fait à Paris, ce 27 mai 1642.

Frère PACIFIQUE DE MESSIÈRE,

Prédicateur capucin, lecteur en théologie et gardien du couvent de Léon.

Ceux qui m'ont fait l'honneur de désirer mon jugement sur ce manuscrit qui porte *Traité du droit qu'ont les frères lais*, etc... composé par le Révérend Père François de Tréguier, et m'ont mis en peine à la fidèle lecture que j'en ai faite, de discerner à qui je devais principalement donner mon approbation, ou à la cause qui sert de matière à ce traité, laquelle m'a toujours semblé si juste à tout ce que nous avons de fondement fondamental en notre saint Ordre, que je m'estimerais prévaricateur en l'un, si je manquais dans les voies légitimes à soutenir l'autre, ou à l'auteur qui traite de ce sujet si doctement, si clairement, si respectueusement, que les plus profanes admireront sa doctrine, les plus simples sa clarté, et quand même il y aurait quelqu'un de sentiment contraire à la justice de la cause, il sera contraint d'avouer qu'il n'y voit rien qui s'écarte du devoir, mais bien une force qui absout d'un bout de l'affaire à l'autre, et le dispose suavement à la fin légi-

3.

time; si je dis que j'approuve l'auteur, ne sera-ce pas
irrévérence à un simple religieux et sujet comme je le
suis à l'égard d'un que j'ai eu pour prélat, dont les disciples en théologie sont peut-être mes maîtres, comme
ils l'ont été de beaucoup d'autres, et que je reconnais
encore pour père en Jésus-Christ, et père de province;
si je dis que j'approuve la cause si bien défendue, ne
sera-ce pas témérité étant le plus petit de tous les mineurs, puisqu'elle a passé en droit, qu'elle est insérée
dans le canon comme tout le reste de notre sainte règle,
que les papes, que les conciles ont autorisée, que les
plus saints, que les plus doctes, les plus illuminés pères
de notre Religion naissante qui avaient les prémices de
l'esprit, et qui, étant les premiers de leurs gens, doivent
donner la règle à tous les autres, et l'ont après approuvée, l'ont fait pratiquer, et l'ont transmise jusqu'à
nous, comme encore tant de grands personnages l'ap-
prouvent et la soutiennent; je dirai néanmoins confi-
demment, que j'approuve avec tous les respects, l'un
et l'autre, l'auteur et la cause, puisque la sapience,
comme dit le Sauveur, veut bien être justifiée de ses
enfants. Je crois qu'elle trouvera aussi bon d'être approuvée en cet écrit dont je ferais le témoignage de ma
propre main et de ma propre créance, que mes excu-
ses déplairaient en ce point à l'humilité de mon séraphique père saint François, et mon refus offenserait
l'unité de ma séraphique mère la Religion qui doit ap-
préhender d'être désolée et divisée, et la division se
doit craindre après la distinction des frères à frères, et
je fais ceci avec autant de joie, que je vois traiter
solidement dans cet écrit ce que j'avais mouvement
intérieur de recueillir et tracer sur la bassesse de mon
talent, pour servir ceux qui le pourraient humblement

représenter à Sa Sainteté : mais cette petite fontaine d'Esther, qu'un nommé Mardochée avait aperçue, a été heureusement changée à une fleur d'éloquence et après en un extrait de clarté, à quoi je serais aussi téméraire de penser rien ajouter, comme si je présumais nouvelle lumière au soleil ; seulement je soussigne, ce 6 juin 1642, au grand couvent des capucins, à Paris.

Frère JOSEPH DE MARLAYE,
Prédicateur indigne de l'ordre des Capucins.

S'ensuit ci-après le décret du Très Révérend Père Innocent de Calatagironne, ministre général du susdit ordre des frères mineurs surnommés capucins, qu'il a fait et publié dans le chapitre provincial par lui convoqué et tenu à Paris, l'année 1647, pour la satisfaction des frères lais des provinces de France.

Au nom de Notre-Seigneur. Amen.

Le pape Urbain VIII, ayant fait un Bref le 30 septembre de l'année 1637, par lequel, d'autorité apostolique, il concédait que, selon la restriction faite en quelques chapitres généraux, les frères lais qui avaient passé quatre ans en notre Religion, et ceux qui y prendraient l'habit à l'avenir, après y avoir passé sept ans, eussent droit de concourir en toutes élections, avec voix active et passive, le dit Bref valable pour trente ans seulement, après lesquels les dits frères seraient privés de voix tant active comme passive, et ce Bref ayant été publié dans le dernier chapitre général, il a troublé le repos de toutes les provinces, et ce trouble n'étant entièrement calmé en France, comme nous avons vu par la visite faite dans la province de Paris, voulant y apporter quelque ordre, avons ouï les griefs très justes et les prières très raisonnables des frères intéressés, à l'instance et en faveur desquels :

Nous déclarons premièrement que, dès le commencement de notre réforme, comme appert par nos *Annales*, les frères lais profès de notre Religion ont eu vole ixactive ou passive en toutes les élections, et quoi que sacré concile de Trente, par un décret de la session 22 ou 23 au chapitre 4 *de la réforme*, ait donné sujet de révoquer en doute, si les clercs qui n'ont point d'ordre et les frères lais peuvent avoir la voix active et passive en toutes les élections, néanmoins la sacrée congrégation établie sur le concile de Trente a déclaré que ce décret ne comprend pas les monastères des réguliers. Et la même congrégation, au rapport de Rodriguez, s'expliquant plus clairement, a décidé que ce décret ne déroge en aucune manière aux constitutions des religieux en l'ordre desquels les frères qui ne sont pas *in sacris* ont droit de voix active et passive par les statuts et la pratique de telle religion. Voire le pape Pie V, de très heureuse mémoire, cité par nos constitutions, a déclaré et concédé que nonobstant le susdit décret du concile de Trente, les clercs et lais eussent voix active et passive en toutes élections, ainsi qu'il s'est pratiqué.

Et pour autant que nos constitutions, en expliquant le droit des clercs et lais, usent de termes ambigus, disant qu'ils ont voix active et passive en toutes élections par déclaration et concession du pape Pie V, nous déclarons que ces termes de déclaration et concession, se rapportent au décret du concile, et non aux voix actives et passives dont le droit était déjà acquis aux dits frères qui en étaient en possession avant Pie V par leur profession.

Nous affirmons de plus que ce Bref d'Urbain VIII qu'on appelle *Bref de Trente ans*, été a révoqué par un autre Bref fait par le même Urbain, au temps du dernier chapitre général célébré à Rome l'année 1643, par lequel dernier Bref, il déroge au premier, et confirme nos constitutions publiées en ce chapitre, où il est porté que les frères lais, après quatre ans expirés en religion, auront voix active et passive en toutes élections sans aucune restriction du temps, et le dit Bref étant valable à perpétuité. Enfin les frères lais désirant pour leur entière satisfaction, avoir encore un autre Bref qui révoque en termes exprès le *Bref de Trente ans*, quoiqu'il ne soit pas nécessaire, nous ferons néanmoins nos diligences pour l'obtenir afin de leur donner entier contentement et écrirons au Très Révérend Père Procureur qu'il procure la révocation du Bref qui déroge à celui des dits trente ans; cependant nous exhortons nos susdits bien-aimés frères que, suivant les traces de tant de frères lais qui, dans la profession d'une sainte humilité, ont été exaltés au ciel, ils recherchent dans le repos de l'esprit que nous leur procurons le haut point d'honneur qu'ils auront devant Dieu. Donné à Paris, en notre couvent de Saint-Honoré, le 25 de juin 1647 et au même couvent et jour publié en plein chapitre provincial.

Frère INNOCENT DE CALATAGIONNE,

Ministre général; Scellé du sceau de notre office.

Cet acte a été fidèlement traduit par moi, frère Marcellin de Pise, prédicateur capucin, des Annalistes de l'Ordre.

FIN.

Addition au Traité de François de Tréguier.

Cette addition, oubliée dans la deuxième édition de 1676, est tirée de la première de 1643 : elle consiste dans la traduction du Bref d'Innocent X ; nous ajoutons le texte latin d'après le Bullaire.

« Cet acte a été fidèlement traduit par moi, frère Marcellin de Pise, prédicateur capucin des Annalistes de l'Ordre.

« Il est à remarquer que, quelques soins et diligence que le roi Louis XIII ait faites à la cour de Rome par ses ambassadeurs et autrement, il n'a pu pendant son règne faire révoquer le Bref d'Urbain VIII, si préjudiciable aux frères lais, et que Sa Majesté décéda sans avoir vu finir cette affaire qu'elle avait à cœur. Dieu lui donna un successeur qui n'eut pas moins d'inclination et de zèle pour la conservation des droits et coutumes des dits frères lais, et en effet Louis XIV, sous la régence de la feue reineAnne d'Autriche, sa mère, ordonna à son ambassadeur à Rome de tenir la main et faire son possible auprès de Sa Sainteté, pour faire révoquer le dit Bref; mais dans cette poursuite le pape Urbain XIII mourut, et la chose fut suspendue jusqu'à l'élection d'un nouveau pape qui fut Innocent X. Incontinent après les cérémonies de son exaltation, l'ambassadeur de France fit toutes les diligences possibles pour satisfaire aux intentions du roi, son maître; et en effet, par son assiduité, sa prudence et sa vigueur, il engagea Sa Sainteté à donner un Bref apostolique qui révoque absolument et annule celui d'Urbain VIII, son prédécesseur, et qui remet et maintient les frères lais dans leurs anciens droits de règle et coutume, ainsi qu'il est porté dans

le dit Bref donné à Rome le 24 septembre 1643 et
ci-après inséré. En conséquence duquel l'affaire qui
avait causé tant de bruit dans l'Ordre, et duré si longtemps, fut terminée et assoupie; la tranquillité, l'union
et la paix y furent rétablies au contentement et satisfaction de tous les bons religieux, ce qui n'aurait jamais
été sans l'autorité du roi Louis XIII de glorieuse mémoire, et de Louis XIV, à présent régnant, qui voulurent maintenir la concorde dans un ordre pour lequel
ils avaient de la vénération et de l'inclination en y
faisant conserver les droits et coutumes établies depuis
son établissement et avec lesquelles les capucins avaient été reçus dans le royaume, et yavaient fait profession.

INNOCENT P. P. X.

Pour servir de future mémoire.

Notre bien-aimé fils le ministre général de l'Ordre
des frères mineurs de Saint-François, appelés capucins,
Nous a fait depuis peu représenter qu'autrefois, après
que le pape Pie V, Notre prédécesseur (d'heureuse
mémoire), aurait concédé ou déclaré de vive voix, que
les frères lais du dit ordre pussent avoir voix aux élections, nonobstant le concile de Trente (*Session* 22 *de
reform.*, chapitre 4), et que cette concession ou déclaration aurait été limitée aux chapitres généraux du dit
Ordre : A savoir que les frères lais seraient exclus
aux élections susdites de la voix active et passive,
jusqu'à ce qu'ils eussent accompli dans le même Ordre
quatre ans entiers : Et que depuis le pape Urbain VIII,
de bonne mémoire, aussi Notre prédécesseur, pour

certaines causes à ce le mouvant, aurait révoqué ces
concessions de vive voix : Étant supplié d'y pourvoir,
et inclinant à la supplication qui lui aurait été faite,
aurait permis et concédé par autorité apostolique aux
frères lais du dit Ordre, déjà profès, qu'ils pussent
jouir de leur droit selon la susdite limitation des dits
chapitres généraux : Et à ceux qui, dès ce temps là et
à l'avenir, auraient pris l'habit ordinaire aux frères
lais, et qui réguliers auraient fait la profession ordinaire des mêmes frères, après avoir passé sept ans
entiers au dit Ordre depuis la prise de l'habit, puissent
aussi avoir licitement et librement la voix active et
passive aux élections, jusqu'à trente ans seulement,
comme il est amplement porté en ces lettres de semblable forme de Bref, émanées là-dessus l'an mil six
cent trente-sept, les teneurs desquelles Nous voulons
être suffisamment exprimées en ces présentes. Mais
tout l'Ordre susdit, ne pouvant souffrir cette limitation,
et trouvant le dit Urbain, Notre prédécesseur, difficile
à la révoquer en termes exprès, a procuré de lui et
obtenu que les constitutions du même Ordre fussent
confirmées de nouveau de l'autorité apostolique,
comme elles sont à présent, et par cette confirmation
a prétendu que l'ancien droit des dits frères lais touchant les susdites élections, leur avait été restitué et
remis en sa vigueur. Or comme plusieurs des dits
frères, ainsi que contenait la même exposition, eussent
douté que, par la susdite nouvelle confirmation des constitutions, il aurait été et est suffisamment et abondamment pourvu à la restitution faite aux dits frères lais du
dit droit d'élection. Pour ce est-il que le dit ministre
général Nous aurait humblement requis, qu'il Nous
plût par la bénignité apostolique de pourvoir oppor-

tunément, comme ci-après Nous faisons, aux choses susdites. Nous donc, qui désirons par de sincères affections l'heureux état et direction du dit Ordre, voulons par spéciales grâces et faveur obliger le dit général, et le déclarant absous, par ces présentes, de toutes sortes de sentences ecclésiastiques et censures d'excommunication, suspension et interdiction, et autres peines portées par le droit, pour quelque occasion et cause que ce soit, si tant était qu'il en fût atteint de quelques-unes, et en quelque façon que ce fût, et à l'effet des présentes seulement; inclinant aux supplications sus dites, *Nous ordonnons et commandons* que les dites constitutions du dit Ordre qui accordent aux dits frères lais capucins la voix et le suffrage aux élections, se doivent observer et accomplir de tous et de chacun en particulier auxquels il appartient et appartiendra à l'avenir inviolablement et ainsi qu'il est porté ès-dites constitutions, et que tous les supérieurs, frères et personnes puissent être contraints et forcés à l'observance d'icelles constitutions en ce point, par toutes les formes du droit et de fait, et qu'ainsi doivent juger et définir tous juges ordinaires et délégués, et tous autres commissaires, administrant la justice de quelque autorité que ce soit, même les auditeurs des causes du palais apostolique : Déclarant nul et invalide tout ce qui se pourrait faire ou attenter contre ce que dessus sûrement ou ignoramment par qui que ce soit, et de quelque autorité qu'elle puisse être. Nonobstant toutes et chacune des choses que le dit Urbain Notre prédécesseur a voulu être contraires en ces susdites lettres, et à toutes autres pareillement : Voulons aussi que foi soit ajoutée aux copies traduites des présentes, même imprimées et soussignées par quelque notaire

public, et scellée du sceau de quelque personne cons-
tituée en dignité ecclésiastique, de même qu'à ces
présentes, si elles étaient exposées et montrées. *Donné
à Rome, à Sainte Marie Majeure, sous l'Anneau du Pêcheur, le vingt-quatrième de septembre mil six cent
quarante-sept, l'an troisième de notre pontificat.*

Signé M.-A. Maraldus : *Et plus bas :* A Rome, de
l'Imprimerie de la Révérende Chambre Apostolique
1647. *Signé : Sanctes Floridus, Causarum Curiæ Ca-
meræ Apostolica Notarius Decanus :* Et scellé du cachet
de cire rouge.

Traduit et translaté de latin en français, de mot à
mot, et de période à période. Ce fait, collationné à son
original latin rendu avec les présentes par moi notaire
public, apostolique et ecclésiastique à Paris, soussigné, ce vingt-huitième octobre mil six cent quarante-
sept.

J. Gallot, Notaire.

Innocentius Papa X

Ad futuram rei memoriam.

Exponi Nobis nuper fecit dilectus filius minister
generalis Fratrum Ordinis Minorum S. Francisci Capucinorum nuncupatorum, quod alias postquam fel. record. Pius Papa V, prædecessor Noster, dictis tratribus
vivæ vocis oraculo concesserat, seu declaraverat, ut
Fratres Laici dicti Ordinis vocem in electionibus habere possent, nonobstante Concil. Trident, sess. 22. c. 4.,
concessioque seu declaratio hujusmodi suerat a capitulis generalis dicti Ordinis limitata, videlicet ut Fratres

Laici hujusmodi a voce activa et passiva in electionibus
prædictis exclusi forent tandiu, quandiu integrum
quadriennium in eodem Ordine non complevissent :
postmodum etiam rec. mem. Urbano, prædecessori
Nostro, quia ex certis causis animam suam moventibus,
vivæ vocis oraculo hujusmodi revocaverat, supplicato,
ut desuper opportune provideret, idem Urbanus prædecessor hujusmodi supplicationibus inclinatus, quod
Laici dictum Ordinem eatenus professi, juxta prædictam dictorum capitulorum generalium limitationem, ii
vero, qui ex tunc de cætero habitum per Fratres Laicos
hujus modi gestari solitum suscepissent, et professionem per eosdem emitti consuetam emisissent regularem, postquam integro septennio ta die suscepti per
eos habitûs hujusmodi in dicto Ordine degissent,
vocem activam, et passivam in electionibus prædictis
ad triginta duntaxat annos habere libere, et licite possent, et valerent, Apostolica auctoritate concessit, in-
dulsit, et alias, prout in suis, in simili forma Brevis
litteris de Anno 1697 desuper emanatis, quarum te-
nores præsentibus pro plene et sufficienter expressis ha-
beri volumus uberius continetur. Limitationem vero
hujusmodi ægreferens totus Ordo prædictus, et in ea
revocanda, in terminis expressis, difficilem reperiens
eumdem Urbanum prædecessorem, ab eo denuo Constitutiones ejusdem Ordinis, prout jacent, Apostolica
auctoritate confirmari procuravit, obtinuitque, et ex
hujusmodi confirmatione pristinum jus eorumdem Fratrum Laicorum quoad electiones prædictas illis resti-
tutam fuisse, prætendit. Cum autem, sicut eadem
expositio subjungebat, multi ex Fratribus Laicis hujusmodi in dubium revocarint an ex nova earumdem
Constitutionum confirmatione prædictæ restitutioni

juris eligendi, factæ Fratribus Laicis hujusmodi fuit, et sit sufficienter, et abunde cautum Nobis propterea idem minister generalis humiliter supplicari fecit, ut in præmissis opportune, ut infra providere et indulgere, de benignitate Apostolica dignaremur. Nos igitur, qui felicem dicti Ordinis statum, et directionem sinceris desideramus affectibus, eumdem Ministrum generalem specialibus favoribus, et gratiis prosequi volentes, et a quibusvis excommunicationis suspensionis, et interdicti, aliisque, ecclesiasticis sententiis, censuris, et pœnis a jure, vel ab homine quavis occasione, vel causa latis, si quibus quomodolibet innodatus existit, ad effectum præsentium duntaxat consequendum, harum serie absolventes, et absolutum fore censentes, hujusmodi supplicationibus inclinati præfatas dicti Ordinis constitutiones, vocem et votum in electionibus concedentes Fratribus Laicis capucinis hujusmodi in dicto Ordine ab omnibus, et singulis ad quos spectat, et in futurum quomodolibet spectabit, inviolabiliter, et prout in eisdem constitutionibus continetur, observari et impleri debere, ac quoscumque Ordinis Superiores, Fratres et personas ad earumdem Constitutionum observationem quoad hoc omnibus juris, et facti remediis cogi, et compelli posse, sicque per quoscumque Indices Ordinarios, et delegatos, et alios quosvis Commissarios, quavis auctoritate fungentes, etiam causarum palatii Apostolici Auditores judicari, et finiri debere, irritum que, et inane quidquid secus super his a quoquam, quavis auctoritate scienter vel ignoranter contigerit attentari, decernimus et mandamus. Non obstantibus omnibus et singulis illis, quæ idem Urbanus prædecessor in suis Litteris prædictis voluit nonobstare, cæterisque contrariis quibuscumque. Volumus autem, quod præsentium transumptis, etiam impressis, manu alicujus notarii publici subscriptis, et sigillo alicujus personæ in dignitate ecclesiastica constituta munitis, eadem prorsus ubique fides adhibeatur, quæ adhiberetur ipsis præsentibus, si forent exhibitæ, vel ostensæ. Dat. Romæ apud S. Mariam Majorem sub Annulo Piscatoris die 24 sept. 1647. Pontificatus nostri anno tertio.

M. A. MARALDUS.

TABLE

DES CHOSES PRINCIPALES A VOIR, POUR LE SOULAGEMENT DU LECTEUR.

La condition des frères lais de l'Ordre de Saint-François réformé, surnommé capucins.

Le premier de cet Ordre qui a été reconnu et déclaré bienheureux par la Sainte Église, c'est un frère lai.

Les objections et raisons de ceux qui disent, ou voudraient dire que les frères lais ne peuvent concourir ès-élections, quoique la règle leur donne le même pouvoir qu'aux autres.

La vraie et très assurée résolution est que les frères lais capucins ont voix active et passive en toutes les élections de l'ordre en vertu de la règle de Saint-François.

Preuves tirées de la règle, des sentiments universels de toute la Religion et pratique d'icelle.

Que les paroles du chapitre 7 de la règle, qui parle des ministres qui ne sont pas prêtres, s'entendent particulièrement des frères lais; c'est le sentiment de tous les docteurs qui ont jamais traité de ce sujet.

Aucun frère ne se peut approprier ni attribuer aucun domaine, ni domination, ou quelque chose par-dessus les autres frères ni autrement, la règle le défendant.

Saint François a été le premier fondateur et premier général de son Ordre, lequel toutefois n'a pas été prêtre, et ordonne dans sa règle que les frères lais de son Ordre puissent être supérieurs, ou prélats.

Preuves encore tirées de la règle comme les frères lais peuvent concourir à l'élection du Général, et le peuvent être selon la règle.

Saint François en sa règle ne fait aucune distinction entre les frères de son Ordre, sauf pour l'office.

La règle est plus ancienne que le droit qui parle des élections.

Preuves tirées du droit.

Les frères lais de notre Ordre sont vraiment personnes ecclésiastiques.

Les frères lais composent le corps de leur Religion avec les prêtres et clercs d'icelle.

Réponses aux objections, comme les frères lais ont toujours concouru en toutes les élections de notre Ordre, spécialement de notre réforme.

En ces paroles de nos constitutions touchant les dites voix des clercs et lais, ce sont termes de déclaration que le Pape fait, comme le saint concile de Trente n'ôte point la voix aux frères clercs et lais, ce qu'étant déclaré s'ensuit la permission d'agir.

Le Bref d'Urbain VIII n'a révoqué ni annulé en aucune façon aucun point de notre règle, ni ancienne coutume, ni aucune déclaration des prédécesseurs de Sa Sainteté.

Le saint concile de Trente ne prive point les frères lais de voix, ni y déroge en rien; il y a des déclarations de la sainte Congrégation des cardinaux qui le font voir.

Le canon 4 de la réforme de la session 22 ou 23 du concile de Trente ne parle point des ordres mendiants, et réguliers, pour regard d'avoir voix ès-chapitres.

Les anciennes constitutions de notre dit Ordre ne parlent point des dits frères lais touchant la difficulté qu'on a apportée sur le dit concile de Trente, pour ce qui regarde d'avoir voix ès-élections.

Des Réguliers au canon premier de la dernière session du dit concile de Trente, icelui concile commande à tous réguliers, qu'ils ordonnent et règlent leur vie selon que prescrit leur règle et qu'ils observent fidèlement tout ce qui appartient à la perfection de la profession.

Le saint concile ordonne souvent plusieurs choses qu'il veut être gardées nonobstant toutes coutumes, auxquelles il déroge pour le point dont il parle, mais au chapitre dont est question, il n'y est point.

Le saint concile n'ordonne jamais aucunes choses contre les paroles formelles d'aucune règle approuvée de l'Église.

Réponse au même droit.

Réponse aux objections savoir : à la seconde;

A la troisième;

A la quatrième;

Comme Notre-Seigneur ne s'est pas servi de prêtres ou de personnes doctes ès sciences humaines, ni des puissances du monde, pour fonder l'Ordre de Saint-François, ainsi d'hommes simples, pauvres et idiots ès sciences humaines qui a été le même saint François et les premiers compagnons qui ont été les premiers fondateurs et les premiers supérieurs du dit Ordre n'étant encore que frères lais, et comme le même Ordre a été fondé sur l'Évangile en pauvreté, humilité, simplicité et uniformité, etc.

Comme les frères lais étaient indifféremment supérieurs avec les prêtres, et quand ils étaient supérieurs, gardiens et provinciaux, ils faisaient administrer les sacrements à leurs sujets par les prêtres de leurs familles, et étant provinciaux, ils faisaient toutes les charges que font les évêques, élus et non encore ordonnés, etc.. Voyez Miranda.

Réponse à la sixième objection, où il se voit comme on a renoncé à tous privilèges, et comme une ordonnance, lue en la présence de Grégoire IX, qui privait les frères lais de voix n'eut aucune valeur, étant contre la règle, et fut révoquée ; les commissaires généraux, les provinciaux, les définiteurs et les gardiens qui furent et ont été élus depuis, font voir cette vérité.

Approbation des Révérends Pères et Théologiens de l'Ordre.

Décret du Révérend Père Innocent de Calatagironne, ministre général.

Bref du pape Innocent X, en français et en latin.

FIN.

DÉFENSE DE L'HUMILITÉ SÉRAPHIQUE

OU

APOLOGIE POUR LE DROIT DE VOIX ACTIVE ET PASSIVE
QU'ONT LES RELIGIEUX LAIS,
FRÈRES MINEURS CAPUCINS, EN TOUTES LES ÉLECTIONS
DE LEUR ORDRE.

PAR

LE RÉVÉREND PÈRE PAULIN DE BEAUVAIS,

Prédicateur capucin de la Providence de Paris.

A PARIS

IMPRIMÉ PAR L'ORDRE DE SA MAJESTÉ TRÈS CHRÉTIENNE.

M. DC. XXXXII,
AVEC APPROBATION DES DOCTEURS.

4

DUC DE RICHELIEU,

Monseigneur,

L'on n'ose approcher du feu sans craindre la cendre dont il est le père, les princes de l'Église portent la couleur de ce prince des éléments, nous en avons la cendre sur nos habits comme vous en avez dignement la pourpre; changés en cendre nous n'appréhendons pas d'aborder votre Éminence, nous espérons au contraire que le feu de votre vêtement allumera la cendre du nôtre, et fondés sur cette espérance, tous les religieux frères lais capucins de France se jettent à vos pieds pour implorer la faveur de votre secours. L'Italie nous dispute et limite à certain temps en toutes les élections le droit de voix active et passive que la règle de Saint-François nous donne pour toujours et que la coutume de quatre siècles nous confirme, nous avons recours à votre autorité pour nous le conserver, puisque votre bouche a été choisie du Roi pour envoyer ses commandements dans les villes et dans les armées, l'une de vos paroles sera assez puissante pour faire écouter nos raisons à Rome où, pour passer les Alpes et être entendues, il faut qu'elles soient armées de crédit. Si l'un des prophètes de l'Écriture parle d'un écu empourpré et d'une rondache de feu, *Nahum. 2. Clipeus fortium ejus ignitus, scuta rubea viri in coccinies.* C'est votre autorité cardinale, laquelle nous prions de nous en faire ressentir l'effet.

Un grand abbé de notre France, Petrus Cellensis (c. 7. ep. 16), vous a qualifié devant que vous vinssiez au monde sénateur de l'Église universelle et protecteur des ordres religieux, à ce que fussiez le nôtre. Puisque la Providence vous a mis auprès de notre triomphant monarque dans un lieu d'où vous remplissez toute la terre de lumière ; puisque la grandeur de votre courage vous a rendu le protecteur des nations accablées par la violence, et qu'il est autant de témoins de cette vérité qu'il se trouve d'hommes à Casal, à Turin et aux villes franches d'Allemagne, étant le protecteur des étrangers oppressés, vous ne refuserez pas votre assistance à ceux qui sont doublement français et par naissance et par profession ; leur institution fut vue un jour par un grand pape servant d'appui et supportant l'église Saint-Jean de Latran qui menaçait de ruine ; nous mettons à l'abri des chevrons de vos illustres armes son ordre et notre droit pour l'appuyer, comme ils servent d'appui à la France, qui serait peut-être la proie de l'ambition, si elle ne vous avait enfanté pour son bonheur. Ceci est si vrai que vous avez en votre faveur le propre témoignage des ennemis de votre gloire ; ils sont, malgré la jalousie, forcés d'avouer que des gens de votre sorte la stérilité en est bien grande. Il est presque autant de juges que de criminels ; la guerre nous forme tous les jours de nouveaux capitaines ; mais de si sages et judicieux ministres, sans offenser les siècles passés, ils n'en ont point vu de tels, et les suivants désespèrent d'en avoir qui vous approchent. Tel est le sentiment universel des religieux capucins qui demandent votre faveur, et par la vôtre celle de leur prince, qui vous honore si dignement de la sienne. Ils recourent à Sa Majesté et à votre pourpre, à laquelle ils présentent cet écrit, qui est le manifeste de leurs raisons; le droit en est la première partie, la coutume fait la seconde, l'une et l'autre aux pieds de votre Éminence, pour laquelle nous envoyons au ciel les plus ardentes de nos prières, comme ceux qui sont désireux de la conservation de celui qui est le conservateur de la France et de la pureté de la règle de Saint-François, auquel comme les enfants, nous vous protestons avec toute l'affection de nos cœurs d'être,

De Votre Éminence,

les très humbles et très obéissants serviteurs,

LES RELIGIEUX LAIS CAPUCINS
Des provinces de France.

AUX VRAIS OBSERVATEURS AMOUREUX DE LA RÈGLE
DE SAINT-FRANÇOIS.

Mes révérends pères et très chers frères en Jésus-Christ.

Vous savez l'histoire de ce jeune enfant que la nature fit miraculeux, à cause qu'elle l'avait fait muet : comme si elle eût été marrie de son avarice, lui donnant l'usage de la voix, elle paya sa faute innocente par un prodige qui étonne tous les siècles, et publie à la postérité la force de l'amour d'un fils vers son père qu'on allait tuer. Le même couteau qui allait donner en derrière le coup de la mort à l'auteur de sa vie, coupa le lien de sa langue, et lui fit consacrer le premier usage de sa voix à la délivrance de celui qui lui avait donné l'usage du jour; il cria pour l'aviser de la trahison de son assassin, qui au lieu d'être homicide du père, fut le médecin du fils. Ainsi le dessein d'un meurtre fut la guérison d'un muet. Notre père commun, le séraphique saint François, a aimé sa règle comme soi-même, c'est la fille de son esprit, ou plutôt de l'esprit de Dieu qui la lui a dictée. Il aimerait mieux recevoir un coup de poignard dans le sein que de voir altérer la moindre circonstance de cette divine règle, que la bouche du ciel aapprise à la terre. L'amour crucifié lui a donné ses plaies. C'est aucunement lui en renouveler la douleur dans l'état de sa gloire, que de vouloir corrompre pas un des chapitres de cette loi séraphique. Dans cet esprit, je suis le moindre de ses enfants qui jusqu'à cette heure ait été muet par les mains, quoique non par la bouche. J'ai vu que l'on allait meurtrir mon père, et retrancher avec le même couteau le septième et huitième chapitre de la règle qu'il nous a donnée, la voix m'est venue voyant qu'on voulait ôter celle des frères lais de notre congrégation, la violence les voulant rendre muets, la charité m'empêche de l'être, et par une espèce de miracle, mes doigts parlent en cet écrit qui épouse sans intérêt la querelle de la raison et de l'humilité.

Plusieurs d'entre vous, mes révérends pères et frères, accuseront peut-être mon entreprise de hardiesse et de témérité; mais un enfant est-il téméraire et trop hardi, qui voyant qu'on veut blesser son père après sa mort, et déchirer son testament, pousse au moins une voix désintéressée pour détourner un coup qui veut

4.

changer la face de la plus sainte des congrégations de l'Église? L'enfant de l'histoire consacra sa première voix à la délivrance de l'auteur de son être, et moi ma première production à la défense de l'humilité de saint François; non que je prétende faire gémir la presse par cette Apologie, il en est des nôtres lesquels réussissent avec avantage, et à qui je laisse pour quelque temps cet emploi de la main, me réservant maintenant celui de la bouche. Mon dessein n'est que d'un manuscrit, et je prie ceux qui se donneront la peine de le lire, de croire que je n'ai autre motif à tracer ces discours que l'amour de la profession que j'ai faite; jamais je n'avais fait si sérieusement de ma règle l'objet de mon étude, comme depuis que Dieu m'a sollicité à ce travail : je confesse avec franchise que je n'ai pu résister à la puissance de sa voix, quoique pour un long temps j'y aie fait la sourde oreille. Enfin j'ai été forcé à cet écrit, que j'ai médité pour tromper ma lassitude par les chemins d'un voyage de trois mois, entrepris par charité, et que maintenant le seul esprit de la charité et de la paix enfante. S'il y avait quelque proposition qui pût choquer la foi ou l'État, ce que je ne crois pas, je soumets et ma plume et ma personne à la Religion et à la monarchie afin de réformer ma main et corriger mes fautes; si au contraire on n'y trouve rien à redire, les ennemis de ce traité le seront de leur règle, ceux qui le défendront ses vrais observateurs; peut-être que sa lecture donnera quelque sentiment d'humilité; au moins c'est le fruit que de sa composition en a tiré l'auteur qui s'humilie, s'abaisse et s'anéantit aux pieds de tous, conjurant ses lecteurs par les plaies de Jésus-Christ et celles de saint François, prier le Dieu des humbles pour son soldat.

AVANT-PROPOS.

Si la vie religieuse a de tout temps été le signe de la contradiction (1) des peuples aussi bien que celui dont elle fait profession de suivre les pas, cette glorieuse aventure a été principalement celle de la famille de Saint-François ; la règle séraphique, suivant la nature des choses parfaites qui ont toujours des contraires, a eu toujours des ennemis ; les uns ont été étrangers, les autres domestiques (2), ces derniers pires que les premiers, conformément à la maxime de l'art militaire, qui craint et se défie (3) plutôt d'un adversaire qui est logé sous un même toit que de l'autre qui ne fait qu'assiéger les murs.

J'appelle ennemis étrangers de l'Ordre des Frères Mineurs ces monstres que le malin esprit a suscités, depuis les quatre cents ans de sa durée, pour persécuter sa vertu ; notre siècle même a vu de ces boutefeu qui ont employé leur bouche et leur plume pour décrier un parti qui porte le reproche à leur vice.

Ce qui n'est pas de merveille que le monde heurte une profession qui fait état de ne pas suivre ce qui emporte les mondains ; nos coutumes et nos affections étant différentes des leurs, ils nous traitent de sauvages, et s'ils pouvaient, ils nous immoleraient à guise de

(1) *Signum contradicetur.* Luc. 2.
(2) *Inimici hominis domestici ejus.* Mich. 7.
(3) *Timendus hostis contubernalis.* Veget.

victimes comme les habitants de Lacédémone faisaient autrefois les étrangers (1) ; mais grâce à Dieu nous triomphons de toutes ces attaques aussi bien, comme disait Sénèque (2), par le mépris que par la raison. Il est une autre espèce d'ennemis, qui est aucunement plus à craindre, je les nomme domestiques, non seulement de la foi, comme disait saint Paul (3), mais de religion, d'état et de condition. Comme les plus dangereuses maladies dans l'école de l'Hippocrate (4) sont celles qui viennent d'un principe interne; jamais l'Ordre des Mineurs n'a eu de plus rude secousse que celle qui est venue du désordre et de la division de ses propres frères ; tant que leur vertu a été bien unie, elle a été victorieuse (5) de tous les desseins de la jalousie, mais lorsque la désunion s'est glissée dans les esprits, ils ont servi de proie à leur propre superbe, et de risée publique à leurs persécuteurs.

Les deux chefs principaux qui ont été la pierre de scandale de ces ennemis domestiques sont la pauvreté et l'humilité de la règle promise, deux vertus qui sont l'âme de cette profession dégagée de tous les intérêts de la terre, et comme la différence individuelle qui la distingue de toutes les sociétés religieuses. Il n'est point de congrégation (sans blâmer les autres) qui embrasse une pauvreté si universelle, ni une si profonde que celle des véritables Frères Mineurs ; pauvreté qui enfante l'humilité, l'indigence obligeant à une nécessaire humiliation. La pauvreté séraphique a été souvent

(1) *Plutarque in Apoliteg.*
(2) *L. De Vitâ beatâ.*
(3) *Ad Gal. 6.*
(4) *Hippocr. L. de Medico.*
(5) *Virtus unita fortior seipsa divisa.*

traversée par ses propres professeurs, nous n'avons que trop de funestes exemples dans les *Annales de l'Ordre*. Cette contagion aisée, ainsi que Salvien appelle l'amour des richesses (1), n'a que trop infecté l'institut des séraphins. Dieu en suscita il y a six vingts ans et plus une troupe d'élite pour le relever, savoir les pauvres capucins qui, grâce à Dieu, sont restés jusqu'à maintenant dans cette première ferveur, qui regarde les biens de la terre comme ses excréments, plus dignes de mépris que d'envie. Le malin esprit, jaloux de cette grandeur de courage, voyant que, du côté de la pauvreté vouée, il n'a su encore faire brèche à cette sainte congrégation, s'est avisé de l'attaquer par l'autre de ses boulevards, qui est la profonde humilité. L'humilité essentielle de la règle séraphique, qui, à mon avis, a donné à ses sectateurs le nom de Frères Mineurs, consiste en l'égalité des clercs, prêtres, prédicateurs et frères lais, égalité de vœux, de suffrages, d'habit et de nourriture, que le démon veut maintenant détruire; comme il a voulu mettre la dissension dans le Ciel et dans le Paradis-Terrestre (2) par l'affectation de l'égalité avec Dieu, il veut rompre la paix du ciel et du paradis de notre religion, en ruinant cette égalité fondamentale de l'Ordre de Saint-François, qui fait que tous ses membres ont même droit actif et passif dans les élections canoniques. C'est ainsi que ce tentateur, tantôt fait la guerre à la pauvreté, une autrefois à l'humilité séraphique, afin d'anéantir s'il peut, en lion ou en renard, avec force ou avec finesse, un état qui dans l'Église de Dieu s'oppose puissamment à la malice de

(1) *Pestis amata divitiarum amor. Salvian. L. de Gubern.*
(2) *Similis ero Altissimo.* Isaïe, 14. — *Eritis sicut Dii.* Gen. 3.

ses desseins. Mais il a beau faire, la vérité sera toujours triomphante du mensonge, et l'humilité persécutée en la personne des religieux frères lais capucins achèvera sa victoire avec les armes de la raison que ma plume lui veut mettre en mains pour se défendre. Saint Bonaventure fit bien autrefois, lors de la persécution de son ordre, un livre qu'il appela l'Apologie des pauvres; je nomme cet écrit l'Apologie des humbles, ou si vous voulez la Défense générale du droit de voix active et passive qu'ont tous les religieux lais capucins dans les élections de leur ordre.

C'est une injustice d'ôter la voix aux humbles, de fermer la bouche aux innocents dans cette rencontre. Notre-Seigneur, quoiqu'il fût l'exemplaire de l'humilité de cœur, n'a pas laissé de défendre souvent, le droit de son Évangile avec sévérité, contre les docteurs juifs qui s'y opposaient (1).

Après lui les martyrs (2), quoique passionnés d'endurer pour le témoignage de leur foi, n'ont pas laissé de dresser des Apologies, et pour montrer que la vérité et l'humilité ne sont pas ennemies, ils ont versé leur sang pour l'une et pour l'autre, leurs langues même percées par les bourreaux devenaient miraculeusement disertes pour se défendre, les mains coupées retournaient aux bras afin qu'elles reprissent la plume pour se justifier, tant il est vrai que la vérité ne doit point demeurer esclave de l'injustice (3): surtout l'humilité passionnée de la vérité (4) à cause qu'elle est la vérité de l'homme; pour ce, ce n'est pas de merveille si au-

(1) S. Math. 21 et 12. — Joan. 8.
(2) S. Justin entre les Grecs. — S. Cyprien entre les Latins.
(3) *Qui veritatem Dei in injustitia detinent.* — Rom. 1.
(4) *Humilitas veritas hominis.* — Aug. en Joan.

jourd'hui l'humilité séraphique veut montrer la vérité de son droit contre ceux qui le veulent opprimer. Par une espèce de miracle, cette humilité, qui jusqu'à maintenant a paru ignorante, veut faire paraître qu'elle a assez de capacité pour résister à ses ennemis (1); elle dit avec Tertullien en l'Apologie de la foi chrétienne, qu'elle ne demande aucune faveur en sa cause, que s'il faut qu'elle endure une privation, elle tâche de n'être pas condamnée sans être entendue; que si l'on entreprend de l'abolir d'une autorité absolue, c'est la justifier en la condamnant (2), c'est avouer qu'elle a droit quand on n'emploie contre elle que la violence. Voici le droit et la coutume, la règle et la prescription, la loi et l'usage sur la thèse proposée; le tout armé de l'autorité de notre prince, qui ne veut point dans son royaume de nouveauté injuste et préjudiciable au bien de ses naturels. Je montrerai telle celle dont nous menace le Bref subreptice obtenu en cour de Rome sous faux donné à entendre.

Ce n'est pas l'intérêt mais la charité qui porte ma plume et anime mon courage à cette entreprise. Peut-être que la lecture de cet écrit fera reconnaître à ceux qui s'y appliqueront que je ne suis pas de la condition de ceux dont je plaide la cause; je remercie Dieu de m'avoir appelé en l'Ordre de Saint-François, à celui de prêtrise, et entre les prêtres de m'avoir fait (quoique indigne) prédicateur de son saint Évangile; même en

---

(1) Tertul. Apolog. c. 1. — *Nihil illa de causa sua deprecatur quia nec de conditione miratur... Unum petit interdum, ne ignorata damnetur.*

(2) c. 4. *Quam dure definitis dicendo : Non licet esse vos! Et hoc sine ullo retractatu humaniore proscribitis; vim profitemini et iniquam dominationem.*

ce dernier et divin exercice de m'y avoir donné tant
d'emplois qu'à peine ai-je pu dérober le temps pour
rendre ce service à ma règle, c'est ainsi que j'appelle
cette *Apologie de l'humilité séraphique.* Je prends le ciel
à témoin que ce n'est ni par affection humaine, ni par
autre principe étranger à la vertu, que je m'applique à
cette défense. De peur de m'égarer dès l'entrée du chemin, je désavoue toutes les intentions sinistres qui
pourraient venir à la traverse de ce dessein, et proteste
que l'amour de ma profession, l'esprit de paix, d'union
et de concorde est celui qui me fait quitter mon étude
ordinaire, et le titre de prédicateur, pour prendre la
qualité d'avocat de l'humilité persécutée; le grand saint
Paul s'expose bien d'être anathème pour ses frères (1),
pourquoi refuserais-je ma peine, mon travail, mes veilles et le sacrifice de tous mes intérêts pour ceux qui
sont mes frères en Jésus-Christ et en saint François;
j'espère de l'un et de l'autre ma seule récompense et
la bénédiction de ce petit ouvrage. Ainsi soit-il.

Dessein et division du Traité.

La vérité n'a pas besoin d'autre juge que de soi-même;
la recherche que nous en faisons est un inviolable désir
de nous joindre à elle; pour la connaître il la faut toujours avoir présente, et je tiens avec Trismegiste, le
théologien de la nature (2), qu'en la possession d'un si
cher trésor consiste le souverain bien de la naturé humaine. Si la première créature de Dieu dans le travail

(1) Rom. 9.
(2) *Trismegiste in Pimane.*

des journées fut, selon que nous remarquons en la Genèse, la lumière des sens, et la dernière celle de la
raison; la plus digne occupation de la créature raisonnable en ce monde, c'est, dit saint Jérôme, la recherche
de la lumière de la vérité parmi les ténèbres de l'erreur
ou du mensonge qui tâche de l'obscurcir (1). C'est dans
cet esprit que je prétends éclaircir en ce traité la vérité
du droit de voix active et passive qu'ont les religieux
lais capucins dans les élections de leur ordre; et
comme la vérité, aussi bien que saint Paul a dit de la
charité, est toujours ordonnée, pour marcher avec
ordre, voici celui que je garderai dans les discours
suivants : Je fonde le tout sur cette maxime reçue universellement par les sages, qu'il n'y a que deux choses
qui régissent les hommes (2), que deux puissances qui
en l'Église ou en l'État leur fassent baisser la tête, que
deux autorités souveraines auxquelles ils cèdent sans
dispute, savoir la loi et la coutume, le droit et l'usage :
l'une prend sa vigueur du législateur qui a le pouvoir
de commander à tous, l'autre tient sa force du temps
qui est armé d'années et de siècles; l'une et l'autre sé-
parées ont un empire si puissant que nous voyons les
peuples les plus farouches y assujettir leur opiniâtreté,
les grands leur fortune, les monarques y appuyer le
bout de leurs sceptres et le cercle de leurs couronnes,
parce que tous les deux sont, dit saint Thomas, les
images de cette raison éternelle sous l'autorité de laquelle la nôtre doit céder pour être juste, et qu'elle ne
peut combattre sans devenir criminelle. Que si chacune

(1) S. Jérôme contre Jovinien.
(2) *Genus humanum duobus geritur, jure et moribus.* Tacit.
De moribus German.

de ces puissances étant distinctes a ce crédit sur notre
esprit que de lui faire embrasser ses sentiments, que
feront-elles conjointes ensemble pour convaincre ceux
qui voudraient leur ôter, au moins disputer le droit de
voix active et passive qu'elles prouvent ici en faveur
des religieux frères lais de l'Ordre des Capucins. C'est
de leurs mains puissantes qu'ils ont ce droit, c'est de
leurs suffrages qu'ils tirent les leurs, et de leurs voix
publiques qu'ils empruntent celles qu'ils ont dans les
élections canoniques de la Religion. Ce que je ferai voir,
Dieu aidant, dans les deux parties de ce Traité. La première sera fondée sur le droit ancien et nouveau, la
seconde sur la coutume, qui forme une prescription de
plus de quatre cents ans.

PREMIÈRE PARTIE.

DROIT ANCIEN ET NOUVEAU DES RELIGIEUX
FRÈRES LAIS CAPUCINS POUR LA VOIX ACTIVE
ET PASSIVE DANS LES ÉLECTIONS.

SECTION PREMIÈRE.

Droit ancien.

La condition religieuse reconnaissant pour fondateur
celui qui l'est pour toute la religion chrétienne, Jésus-
Christ le Sauveur du monde, dans la loi de l'Évangile,
cet état sacré étant aussi ancien que l'Église a persévéré aussi bien qu'elle sans interruption depuis le berceau de sa naissance. Les apôtres, quoique sache dire
la jalousie, ont été vrais religieux, et comme l'appétit
de la nature est d'engendrer son semblable, c'est pareillement le désir de la grâce, quoique dans une façon
plus relevée et plus parfaite. Les apôtres donc étant
les premiers professeurs de l'état religieux, ils ont travaillé à se faire des compagnons de vie, témoin saint
Paul (1), qui disait aux Corinthiens qu'il souhaitait que
chacun fût comme lui, et lui ressemblât en l'obser-

______

(1) *Volo vos omnes esse sicut meipsum.* (Cor. 7.)

vance des conseils de l'Évangile. Ces premiers conquérants du christianisme réussirent si fort en ce glorieux dessein, que saint Jérôme, au livre des Écrivains ecclésiastiques., assure que pour lors toute l'assemblée des fidèles était telle que tache d'être maintenant la congrégation des religieux (1). Depuis dans la suite des siècles cet état a continué en deux sortes de personnes consacrées à Dieu, les uns clercs et prêtres, les autres laïques et nullement initiés aux ordres sacrés; les premiers furent nommés clercs réguliers, que saint Augustin ne commença pas, mais seulement renouvela et remit en sa première splendeur. Les seconds ont été qualifiés du nom particulier de moines et de religieux, desquels le docte Suarès (2) dit que, par la force de leur institution, ils n'ont pas été clercs mais laïques, ce qu'il prouve par l'autorité de saint Denis dans le livre de la *Hiérarchie ecclésiastique* (3), il cote l'endroit, mais non les termes, que j'ai été puiser à la source, et fais parler notre langue. Ce docteur illuminé, après avoir traité au chapitre cinquième des initiés aux ordres, de leurs départements, de leurs pouvoirs, leurs fonctions et leurs consécrations, il descend dans la sixième aux ordres inférieurs de ceux qui sont initiés par les autres, qui sont proprement les laïques, exclus de l'administration des mystères et de la confection des sacrements; il en reconnaît trois espèces; en la première sont les plus imparfaits comme catéchumènes que l'on forme à la foi; la seconde est de

(1) *In Philon ex quo apparet salem Christi credentium fuisse Ecclesiam quales nunc monachi esse nituntur.*

(2) Suarès, t. 3. *De relig.* l. 3. chap. 3, v. 9. *Monachi ex sua institutione non sunt clerici sed laïci.*

(3) Denis, *de Hierarch. eccles.* c. 6.

ceux qui, baptisés, sont reçus à voir et participer aux très divins symboles, et sont assignés aux prêtres pour être par eux illuminés. Le troisième ordre et le plus haut de tous ceux qui sont initiés et perfectionnés, est, dit saint Denis, celui des saints moines, lequel est très parfaitement épuré, et autant que son pouvoir se peut étendre par une entière et absolue sainteté des actions qui sont propres à son état et qui est fait participant et spectateur en esprit de tout mystère saint qui lui est permis de contempler.

Parole qu'il répète deux fois, il ne dit pas faire, parce que ces anciens et premiers religieux n'étaient pas prêtres, mais seulement licite de contempler. Puis il ajoute : Nos divins Maîtres les ont honorés de noms par lesquels leur sainteté est déclarée; car les uns les appellent thérapeutes, les autres moines; les premiers à cause du culte et du service pur qu'ils rendent à Dieu, et le second à raison que leur vie est simple et uniforme par le moyen de laquelle ils sont recueillis hors des soins qui partagent l'esprit et conjoints à l'unité de Dieu et à la perfection du divin amour. C'est aussi pourquoi la loi sainte leur a octroyé une grâce par laquelle la perfection leur est conférée, et les a honorés d'une manière de consécration par invocation et par prière, non toutefois hiérarchique; car elle ne se fait que sur les ordres sacrés (notez encore ce mot qui prouve qu'ils n'étaient pas prêtres). Saint Denis continue à décrire la cérémonie qui se pratiquait en la consécration des moines; la dernière circonstance fait encore à notre sujet, car il dit : qu'après les avoir dépouillés de leur premier habit et revêtus d'un autre, leur avoir donné l'accolade et le baiser de paix, pour conclusion, il leur donne la communion des très divins mystères. On donne la communion aux laïques et non aux prêtres qui la prennent eux-mêmes. Or il fallait qu'il y eût parmi eux des supérieurs pour commander aux inférieurs, parce que l'obéissance étant un des vœux essentiels de leur condition, elle emporte quant à soi un rapport et une habitude nécessaire de supériorité à infériorité; ces supérieurs qui étaient tirés et élus de leurs corps et que l'on nommait abbés étaient pareillement frères lais aussi bien qu'eux, dit Suarès (1); il est aisé de voir cela dans la vie des Pères du désert (2). Saint Antoine le patriarche que l'on nommait vulgairement le Dieu des moines; le grand saint Pacôme, supérieur de plus de huit mille religieux, ne furent jamais clercs ni promus aux saints ordres, et néanmoins nous lisons que toutes ces troupes nombreuses d'hommes angéliques lui obéissaient avec une profonde humilité comme à leur père; quoique le caractère sacerdotal soit celui qui donne proprement le titre de père en Jésus-Christ, selon la doctrine de saint Paul (3). Saint Antoine et saint Pacôme, tous frères lais qu'ils ont été, portent le titre de pères des moines, parce qu'ils étaient leurs supérieurs. Si nous venons à saint Benoît qui vivait il y a plus de mille ans, notre séraphique saint Bonaventure dit que ce patriarche des religieux de l'Occident ne fut jamais prêtre (4). Mais où allons-nous chercher des exemples étrangers puisque nous en avons de

(1) Suarès, t. 3, de relig., l. 7. c. 18, n° 8. *Tunc communiter monachi etiam abbates non erant clerici.*

(2) *L. I. de vitis Patrum*, page 99. *Illi vero tanquam Patri se multa humilitate subdebant.*

(3) I Cor. 4. *Per evangelium genui vos.*

(4) Bonav. *in Exposit. reg.* 6. 7.

domestiques. Notre instituteur saint François refusa l'ordre sacerdotal par un esprit d'humilité, et le docte Suarès dit de ce Séraphin d'Assise que non seulement il ne fut point prêtre, mais même que l'on peut colliger de saint Bonaventure, écrivain de sa vie, qu'il était encore laïque lorsqu'il fut déclaré général (1) au commencement de son Ordre, encore qu'il eût quelques prêtres sous son obéissance. A son imitation, l'autre saint François de Paule, héritier de son nom et de sa pratique, général et fondateur de l'Ordre des Pères Minimes, ne fut pas même diacre, mais simple frère lai, quoiqu'il eût grand nombre de sages prêtres et religieux clercs sous sa direction. Mais pour n'entrer encore dans le droit nouveau et ne pas interrompre l'ordre et la méthode que je me suis prescrits, je reviens au droit ancien et raisonne ainsi : Tous ces anciens religieux qui étaient frères lais et qui élisaient un membre de leur corps pour être leur chef, avaient également droit de voix active et passive; ils élisaient et pouvaient être élus, donc, et ce sont les propres termes de Suarès en notre langue, « je ne trouve rien du tout dans le droit ancien, qui porte obligation que les électeurs soient clercs eux-mêmes, même que le pape Innocent déclare que le droit d'élire appartient aussi aux moines ou religieux lais », qui est le même sentiment du Panormitain, l'opinion desquels, dit encore Suarès (3), procède selon le droit

----

(1) Suarès, t. 4 , *de Relig.* l. 2, c. 3, page 70.

(2) *Igitur antiquo jure nihil invenio quod sufficienter probet ut scilicet electores sinc clerici, imo Innocentius dicit jus eligendi cadere in monachum laïcum. Inno. h. 2. Instit. Panorm.,* c. 2, *de Instit. num.* 5.

(3) Suarès, l. 2 de *Relig.* t. 3, c. 18, n° 6.

ancien lorsque les moines et même abbés étaient laïques, quoique parmi eux se rencontrassent quelques clercs, d'autant que ce rencontre n'était que par accident. Ces supérieurs non clercs n'avaient pas de vrai la juridiction spirituelle sur leurs inférieurs, puisqu'elle est attachée au sacerdoce, mais qui ne sait qu'elle n'est pas absolument nécessaire à l'essence de l'état religieux; suffit une puissance dominative qui gouverne le monastère, distincte et séparable de celle de juridiction qui est attachée aux clefs de l'Église. La raison est que la profession dit une donation entre les mains d'un autre pour en être conduit, ce qui forme un droit distinct de la juridiction. D'ailleurs cet état emporte une servitude volontaire, différente de la sujétion qu'ont tous les fidèles à la juridiction ecclésiastique : cette servitude dit dans son concept formel, et a une relation nécessaire à un pouvoir spécial qui la gouverne, c'est celui du supérieur dont l'autorité comme telle est séparée de celle de juridiction; par conséquent en toute rigueur d'école, il peut être frère lai.

Pour plus grandes preuves, les abbesses, prieures et autres supérieures de monastères de filles le sont vraiment et pourtant n'ont pas le droit de juridiction spirituelle, leur sexe ne les admet point aux ordres, et quoique parmi elles les dames de chœur aient des sœurs laïques, elles sont laïques elles-mêmes, et néanmoins elles procèdent aux élections tous les trois ans, plus ou moins; elles ont droit actif et passif, étant élues supérieures; elles jouissent de la puissance dominative, domestique, économique et non spirituelle; personne ne leur dispute le titre et la qualité de vraies religieuses; suffit par conséquent à l'essence de cet état une autorité directive qui gouverne le monastère et les personnes qui s'y sont consacrées. Les frères lais qui ont le sexe d'hommes et l'esprit mâle et généreux par dessus les filles, peuvent donc avoir voix active et passive, et être supérieurs par la force de leurs vœux, et en tant que religieux d'un ordre approuvé : ce droit de prélature, dit encore Suarès, prend son origine de la profession religieuse (1). Or tous nos frères lais sont vraiment religieux, comme je prouverai ci-dessous; il s'ensuit donc infailliblement que par la force de leur état et du droit ancien, ils ont voix active et passive.

Voici le nouveau qui est le principal fondement de ce traité que je vais déduire amplement en la section suivante.

SECTION II.

Droit nouveau fondé sur les paroles de la Règle.

PARAGRAPHE I.

Preuve puisée au chapitre septième.

Toute l'Écriture ancienne et nouvelle ne nous donne exemple plus ordinaire que de Dieu sur les montagnes (2), elles ont même pris le nom de montagnes de Dieu, parce qu'il a honoré leur cime de ses principaux mystères.

Au vieil Testament, Dieu a donné la loi du Décalogue

---

(1) **T.** 3 *de Relig.*, l. 2, 1°, c. 18, n° 18.
(2) **Exod.** 3 et 4. — **Ezec.** 28. — **Dan.** 9 de.

à Moïse sur le faîte du mont Sinaï ; au nouveau, le même a donné à notre père saint François la règle que nous professons sur le mont de Fontecolombe, en Italie, conformité qu'a remarquée Barthélemy de Pise, au livre qui en porte le nom (1). Ce docte personnage qui écrivit en l'an 1385 me donne l'ouverture de poursuivre cette pointe, et montrer le rapport de l'un à l'autre qui, j'espère, ne sera pas inutile à mon sujet.

Le texte sacré de l'Exode (2) nous apprend que, trois mois après la rupture des chaînes et l'heureuse délivrance du peuple d'Israël de la servitude d'Égypte, les Hébreux approchant du mont Sinaï, Moïse leur conducteur reçut ordre de Dieu de monter à la cime ; ce fut là où le Tout-Puissant l'admit à ce pourparler glorieux avec Sa Majesté, et où enfin parmi les éclairs, les feux et les tonnerres, il lui donna la loi du Décalogue, qui est la règle de bien vivre.

Comme en la loi ancienne saint Paul dit que tous ces mystères n'étaient que des figures de nos vérités (3), ce narré de la loi donnée à Moïse sur le mont Sinaï, peut servir de figure de la règle de Saint-François à lui donnée par Notre-Seigneur même, sur le mont Carnerio près de Riette, appelé autrement Fontecolombo. Je le vérifie par toutes ces circonstances.

I. Dieu donna la loi au peuple d'Israël trois mois après la sortie des chaînes ; il voulut tenir cette multitude opiniâtre en soumission, et après une servitude forcée lui en ordonner une volontaire. Ainsi immédiatement après que les premiers Frères Mineurs furent

(1) Barth. de Pise, l. 1. Conformit., fol. 110, c. 2. — *Ad instar legis Moisi jejunio in monte et Deo dictante facta est et data.*
(2) Chap. 19.
(3) *Omnia contingebant in futuris.* — 1 Cor. 10.

sortis de la captivité d'Égypte, je veux dire de l'esclavage du siècle, il se les voulut lier par des chaînes d'amour, pour ce il leur dicta cette règle séraphique pour être l'âme de leur conduite et la conduite de leur vie.

II. S'il donna la loi à Moïse, il donna cette règle des Mineurs à notre patriarche saint François, qui est un autre Moïse ; les trois principales qualités, les trois titres plus éclatants que le docte Philon donne à Moïse, en sa vie, sont de l'appeler législateur, prophète et faiseur de miracles. Il fut législateur recevant la loi, prophète prédisant les châtiments futurs à Pharaon, faiseur de miracles avec ce bâton miraculeux qui sur la terre faisait sortir des serpents, grenouilles et autres reptiles, sur la mer en divisa les ondes pour ouvrir passage à sa suite ; saint François a l'honneur de ces trois qualités ; c'est notre législateur et conducteur en la terre promise, grand prophète au reste comme il est aisé de voir dans les actes de sa vie, pleine de révélations et prophéties à personnes de toute condition : comme quand il prédit aux Éminentissimes cardinaux d'Ostie et Cajetan qu'ils seraient tous deux papes ; ce qui arriva, le premier nommé Grégoire IX et le second Nicolas III. Enfin si Moïse fit tant de prodiges avec son bâton, celui de saint François fiché en terre près de Sienne est devenu un grand arbre miraculeux dont nous avons des croix et des chapelets, qui ont porté avec foi la santé à tout plein de malades ; en un mot ce saint est le thaumaturge de l'Italie, vrai Moïse donc en ses mœurs, en ses miracles et en sa vie.

III. Moïse se prépara à bon escient, et eut ordre de disposer le peuple à recevoir la loi par sanctification, jeûne et éloignement de toute impureté ; saint François fit-il pas le même ; il se prépara pour recevoir de Dieu sa règle, par un jeûne rigoureux au pain et à l'eau de quarante jours et autant de nuits, employant ce temps continuellement à la prière.

IV. Si ce fut au beau milieu des foudres, des éclairs et des tonnerres que Dieu donna sa loi à Moïse, je vois quelque chose de pareil en saint François recevant sa règle. Quand pour alors son vicaire général, frère Élie, le vint trouver avec nombre de doctes supérieurs de l'Ordre, disant audacieusement qu'ils n'entendaient point observer cette façon de vivre qu'il faisait si austère, et qu'il la réservât pour lui seul, entendit-on pas sensiblement ce coup de foudre, et Dieu qui chez Tertullien parle par la bouche des tonnerres, fit-il pas tonner une voix du ciel aux oreilles de tous les assistants : que ceux qui ne voudraient garder cette règle sortissent de l'Ordre et la laissassent observer aux autres : Si vous voulez des éclairs dont le nom a pris sa source d'éclairs, à cause que quand le ciel est obscur de nuage et en grosse colère, ces éclairs sont des feux qui paraissent en la nue et éclairent la terre. Ces mots que l'on ouït venus du ciel au même temps (*Ad litteram, ad litteram, ad litteram, sine glosá, sine glosâ, sine glosâ*), sont-ce pas des éclairs célestes qui éclairent nos esprits de la manière qu'il faut observer la règle, savoir à la lettre et sans glose.

V. De suite si la loi fut écrite du doigt de Dieu sur des tables de pierre, à cause de la dureté des cœurs empierrés des Israélites, le Sauveur lui-même a composé la règle de Saint-François, et il le dit tout haut en cette rencontre que je viens de raconter, la voix céleste se fit entendre de tout le monde présent à ce spectacle. François, il n'y a rien en cette règle qui soit tien, tout vient de moi. C'est sur ce modèle que les anciens législateurs, voire païens, pour donner créance à leurs lois, feignaient les avoir reçues du ciel, comme Zéleucus, Zoroastre, Minos et l'impie Mahomet, pareillement Lycurgne en Lacédémone et le Numa Pompilius des Romains avec sa nymphe et déesse Egéria. Tous ces gens étaient des trompeurs publics qui abusaient de la crédulité des peuples, non pas Moïse et saint François puisque l'Écriture et la fidélité de l'histoire nous assurent du contraire.

Surtout ce que je vous prie de remarquer principalement en ces parallèles, sont les deux derniers; que la règle doit être observée à la lettre et sans glose, et que Notre-Seigneur lui-même l'a composée. Ces deux circonstances doivent être pesées au poids du sanctuaire, et c'est sur elles que je vais fonder mes preuves du droit de voix active et passive dont est question. Cette règle, dictée par le Fils de Dieu, dont saint François n'a été que l'écrivain, confirmée par les Souverains Pontifes, sans y rien changer, est plutôt une règle divine qu'humaine. Le Sauveur lui-même pour seconde confirmation l'a révélé à sainte Brigite (1), il dit un jour à cette âme éclairée que la règle de saint François n'avait pas été composée par l'intellect humain, que ce n'était pas une production de la prudence mondaine, mais de moi, ce dit Dieu, et selon ma volonté, car chaque parole qui est écrite en icelle est procédée et partie de mon esprit. Que le lecteur juge, si la preuve fondée sur une telle base est infaillible.

Or cette règle pour commencer porte au chapitre 7 expressément, s'ils ne sont pas prêtres qu'ils la fas-

____

(1) Sainte Brigite. *Révélations*, l. 7, c. 20.

sent enjoindre par d'autres prêtres de l'Ordre (1). Elle traite en cet endroit de la pénitence qui doit être imposée par les supérieurs à ceux d'entre les frères qui, par tentation du diable ou par la faiblesse de la nature, tomberaient en des péchés qui seraient cas réservés.

Chacun sait et voit que dans tous les évêchés, voire dans l'Église universelle, le pape et les évêques pour la monition de l'assemblée des fidèles et pour les retenir en leur devoir, se réservent l'absolution de certains crimes énormes qu'ils nomment cas réservés (2), parce que ce sont des chutes d'infamie où le pécheur tombe et d'où la pénitence le relève. Ce droit de réserver des cas appartient aux prélats réguliers aussi bien qu'aux évêques, parce qu'ils ont sur leurs religieux une juridiction comme épiscopale. Proposition qui est quasi de foi après la détermination du concile de Trente, qui excommunie les auteurs de l'opinion contraire (3) : Il est bien vrai qu'en cet endroit, il n'est parlé que des évêques, mais les provinciaux des ordres ont un droit épiscopal sur leurs inférieurs, pour ce ils se peuvent réserver des cas tels qu'il leur semble bon; les généraux pour l'ordinaire n'en ont point qui leur soient particuliers; cette réservation de cas n'a pas seulement vigueur pour la police extérieure des congrégations, mais la force est encore devant Dieu, les supérieurs réguliers l'ont de droit, et en spécial ceux d'ordre de saint François, outre le droit commun, l'ont par privilège particu-

(1) *Si vero presbiteri non sint faciant per alios sacerdotes.*, chap. 7. — Rag.

(2) *Casus à cadendo.*

(3) Session 141, canon 7.

lier d'Alexandre VI (1). Cela est insinué et se collige du chapitre 7 de notre règle, où l'intention du père séraphique paraît toute claire, quand il dit : Si quelqu'un des Frères à la sollicitation du malin esprit pécha mortellement, pour ces péchés dont il est ordonné entre les Frères (voilà la réservation des cas), qu'ils recourent aux seuls ministres provinciaux le plus tôt qu'ils pourront; il ne parle ni du général, ni des gardiens, ces derniers n'ayant pas ce pouvoir. Or si ces ministres provinciaux sont prêtres, qu'ils leur enjoignent la pénitence avec compassion et miséricorde; mais s'ils ne sont pas prêtres, qu'ils la fassent enjoindre par d'autres prêtres de l'Ordre, comme selon Dieu il leur semblera expédient. Par ces derniers mots, si les ministres ne sont pas prêtres, saint Bonaventure, en l'opuscule sur la Règle, et Ludovicus Miranda dans le Manuel des Prélats réguliers disent nettement (2), et le sens commun n'y peut résister, que la volonté de saint François et l'intention de sa règle est que les lais puissent concourir aux élections, même passivement jusqu'à être provinciaux, voire généraux, vu que la raison est égale : car dire que les ministres ne sont pas prêtres, dont parle ici l'instituteur, sont les clercs et non les laïques, c'est appareillement mettre quelque glose à la règle, contre le commandement de Jésus-Christ, et la volonté de saint François, lequel au rapport de Barthélemy de Pise (3), auteur du livre des Conformités, interrogé par le pape Honoré III, qui voulait changer quelque chose de la

(1) *Habetur in monumentis ordinis in compendio verb. absolutis ordinaria quoad fratres*, § 17.

(2) *Bonav. in Opusc. Mirand. Mon Præb.* Reg., t. 2, 9, 3, 2, 11, 2. *Possunt ex vi regulæ.*

(3) Barth. de Pise c. 1. conf., fol. 110.

règle (peut-être ce mot : s'ils ne sont pas prêtres), il répondit au Saint Père que ce n'était pas lui qui l'avait composée, mais le Sauveur lui-même qui sait ce qui est plus expédient, à cause de quoi je ne puis ni ne dois changer les paroles de mon Dieu. Ce qu'entendant le pape, touché de l'inspiration divine, la confirma telle ; or comme telle, entendue sans glose et au pied de la lettre, elle suppose que les ministres provinciaux peuvent n'être pas prêtres, donc indifféremment clercs et lais ont droit égal à ces prélatures ; ils peuvent élire et être élus.

Me voilà tombé insensiblement en la matière du chapitre huitième qui est des élections, d'où je tire d'autres preuves au paragraphe suivant.

PARAGRAPHE II.

Droit de règle au chapitre huitième.

L'on peut à la gloire de Dieu appliquer véritablement à la religion des Frères Mineurs les paroles de Saint Paul dites en faveur de l'Église naissante pour prouver que son institution était toute divine, et non fondée sur la base de la prudence humaine.(1) Voyez, mes frères, dit ce grand Apôtre, mais voyez avec les yeux de l'âme et pesez attentivement le bien de votre

(1) *Videte vocationem vestram, fratres, non multi sapientes secundum carnem, non multi potentes, non multi nobiles, sed quæ stulta sunt mundi Deus elegit ut confundat fortia, et ignobilia mundi elegit Deus, et ea quæ nun sunt, ut ea quæ sunt destrueret, ut non glorietur omnis cara in conspectu ejus.* I. Cor. 1.

vocation; considérez que, lorsqu'il a été question de faire choix de personnes pour tenir tête à l'autorité des rois et au raisonnement des philosophes, Dieu qui fait tout avec poids et mesure, n'a pas jeté les yeux sur les puissants et les sages du monde, il ne s'est point servi des Césars ni des Alexandres, des Aristotes ni des Sénèques; il n'a point élu les nobles et illustres de naissance pour la naissance de sa religion; le pouvoir, la noblesse et la sagesse mondaine lui ont semblé des instruments peu sortables à la générosité de ses desseins; il a renversé le pouvoir du siècle par l'infirmité, la noblesse du sang par l'obscurité, la sagesse par la folie; il a choisi entre les êtres, les plus bas; entre les choses, les plus contemptibles; entre les hommes, les plus ignorants, pour planter la rougeur sur le front de la science et du crédit, et montrer que l'établissement de la foi est un effet de la providence du ciel, et non de la prudence de la terre. Il a voulu, par ce choix de l'humilité préférée à la grandeur, rabaisser l'orgueil des hommes, et lui indiquer que cette vertu est la route du ciel et le plus assuré chemin de l'exaltation. Jusqu'ici sont les termes, au moins le sens des paroles de saint Paul qui, parlant par deux fois des élections de Dieu en un même passage, doivent commencer le discours des élections des Frères Mineurs.

Notre séraphique instituteur est entré dans ces sentiments de saint Paul, lorsqu'il a fait choix de gens pour les admettre en sa religion, et dit depuis lorsqu'il a traité au chapitre huitième de sa Règle des supérieurs que l'on devait choisir pour commander aux autres. Quand ce patriarche commença son institut, son soin et son étude particulière ne fut point de recevoir en son Ordre des hommes savants (1), nobles et riches selon la chair, qu'au contraire nous remarquons, après saint Bonaventure en son opuscule sur la Règle, qu'il avait fort peu de prêtres et hommes lettrés (2); comme son Dieu, il faisait choix de ce que le monde estime folie (3) pour détruire sa sagesse et confondre sa force; lui-même rend ce témoignage en son Testament, disant (et nous étions idiots et sujets à tous), etc.

De suite il voulut que ses enfants fussent en société et vécussent en communauté, pour ce il ordonna au chapitre huitième que l'un d'entre eux serait élu pour chef, afin d'avoir soin de tous les membres; élection canonique dont il nous faut parler, et puiser de fortes preuves à notre sujet.

Le terme d'élection pris généralement n'est autre chose dans la doctrine de l'Aristote (4) et après lui de saint Thomas (5), sinon la préférence que plusieurs personnes qui sont bien d'accord font d'une chose pour arriver à quelque fin. Par exemple, s'il est question d'aller d'Orléans à Nantes, une troupe de messieurs ont le choix de cheminer avec la poste, ou par eau suivant la grande rivière de la Loire; l'une et l'autre commodité leur plaît, l'une est plus prompte, mais elle est violente, l'autre est plus lente, mais elle est plus douce; néanmoins, ils préfèrent la dernière comme plus agréable; cette préférence de la douceur d'un bateau à la

----

(1) *Non multi sapientes secundum carnem, non multi potentes, non multi nobiles.* I. Cor. 1.

(2) *Bonav. in Reg.*, c. 7.

(3) *Quod stultum est Dei sapientius est hominibus.* I. Cor. 1.

(4) Aristot. 5. *Et hic.*

(5) D. Thomas, t. 2. v. 13, art. 5. *Multorum placentium in ordine ad finem unius præacceptio.*

violence des chevaux de poste se nomme convenablement élection. Voilà ce que c'est dans l'école des philosophes. Mais chez les canonistes, c'est une vocation de personne capable à quelque dignité, ou société fraternelle ayant gardé au préalable la forme des canons (1). C'est en ce sens qu'il faut entendre le titre et tout le chapitre huitième de la règle de saint François, de l'élection du ministre général de cette fraternité et du chapitre de la Pentecôte.

Le texte commence et dès le premier mot nous met des armes en main pour terrasser les ennemis de notre proposition : Il ordonne que tous les frères (2) aient un de cette religion pour ministre général auquel ils obéissent. Il ne dit point un prêtre, un clerc ou un frère lai, mais un frère de cette religion, terme qui donne droit de prélature à tous les frères; l'on n'en peut exclure pas un sans contrevenir à la règle, qui doit être entendue à la lettre et sans glose. Cette forme de vie est composée de trois sortes de personnes dont fait mention notre institut : prêtres, clercs et lais. Lorsque le père séraphique les veut comprendre tous également en quelqu'une des choses qu'il leur enjoint, il ne se sert que de ce mot de frère sans ajouter celui de prêtre, de clerc ou de laïque, là où quand il veut donner quelque ordre particulier aux prêtres et aux clercs et non aux laïques, il n'use pas du terme général de frères, mais de celui de clercs : de même s'il prétend parler aux laïques et non aux clercs, il ne dit pas frères

______

(1) *Hostius Io. And. in tit. init. de elect., c. 6. — Electio est idoneæ personæ ad aliquam dignitatem vel fraternam societatem vocatio servatá canonicá formá.*

(2) *Universi fratres.*

mais seulement laïques, comme il se voit au chapitre 3. Or quand il traite de l'élection du ministre pour montrer que le droit actif et passif appartient également aux lais comme aux prêtres et aux clercs, il affecte le nom de frères en tout le chapitre huitième, ce qui est bien remarquable, le mot de prêtre, de clerc, ni de lai n'y est point spécifié. Il veut nous indiquer que c'est à raison de la condition de frères et non de la dignité de prêtre que ce droit est concédé à tous puisque tous, tant prêtres que lais, sont également frères de cette religion, donner le pouvoir d'élire et d'élu à tous les frères, c'est donner à tous droit de voix active et passive ; donner le pouvoir d'être convoqué et d'être du corps du chapitre, c'est donner droit de voix au chapitre. Or la règle donne tout cela à tous les frères universellement qui est un terme très significatif, qui ramasse davantage et comprend en union la pluralité ; par conséquent on ne peut exclure pas un des frères sans gloser la règle, contre le précepte de saint François, couché en son testament et dernière volonté lorsqu'il dit. «Et à tous mes frères clercs et lais, je commande fermement par obédience, qu'ils ne mettent point de glose à la règle et à ses paroles disant, c'est ainsi qu'elles veulent s'entendre. Mais comme Notre-Seigneur m'a donné la grâce de purement et simplement dire et écrire la règle et ces paroles, ainsi purement et simplement sans glose les entendiez-vous et les observiez jusqu'à la fin avec sainte opération (1). Pour entendre et observer de cette sorte à la lettre et sans glose ces mots, que tous les frères aient un des frères de cette religion pour supérieur, il ne faut

(1) Paroles du testament de saint François.

exclúre de supériorité, ni de droit d'élection, pas un
des frères; par ainsi nos frères lais ont l'un et l'autre
par l'état de la règle promise et non par privilège.

J'avoue que cette règle ne parle que du ministre
général, qui pouvait même être fort rare, à cause
qu'elle ne se faisait que par la mort ou l'insuffisance;
néanmoins les ministres provinciaux et les custodes y
sont désignés; dans le commencement, c'était le général
qui les faisait, au chapitre de la Pentecôte; il les pre-
nait d'entre les frères indifféremment, choisissant ceux
qui étaient capables sans distinction de la qualité de
prêtres, de clercs ou de frères lais, car tous alors
se trouvaient au chapitre général, d'où il a pris son
nom, et se voit en l'histoire de l'Ordre, comme au chapitre des nattes.

Que cela soit vrai, la pratique le confirme, et la
règle au chapitre 7 dit pour cette raison, si les ministres ne sont pas prêtres, et le reste que j'ai expliqué
au paragraphe précédent; je montrerai dans les suivants que telle en a été la coutume, coutume fondée
sur la règle, qui donne droit d'être supérieurs à tous
les frères

· Je confesse encore que Clément VI, environ cent ans
après l'Institution de l'Ordre, a établi une nouvelle manière pour l'élection des provinciaux et des custodes,
mais remarquez que, sans parler des électeurs, pour
ce qu'il eût altéré la règle, il en remet l'élection au
chapitre provincial, que les provinciaux pourraient assembler par la règle l'année d'après le chapitre général,
pour faire entendre aux absents ce qu'on y aurait ordonné pour l'observance de l'institut. Après que le
général avait une fois élu en son chapitre les provinciaux et les custodes, il ne s'y trouvait plus qu'eux,

tellement qu'à leur retour ils convoquaient dans leurs provinces, ou les custodes dans les custodies une fois leurs frères au chapitre. Il faut donc conclure que Clément V ne parlant point de ceux qui devaient élire les provinciaux et les custodes, puisqu'il en ôtait la puissance au général, a laissé les choses comme la règle en disposait : Elle donne pouvoir aux provinciaux d'assembler leurs frères au chapitre, et dans icelui le pape veut que l'élection soit libre (1), sans distinction de clercs et de lais. Tous les frères qui y étaient assemblés y avaient donc voix active et passive. Du depuis si tous les frères des provinces ne se trouvent pas aux chapitres provinciaux, c'est que l'on a avisé prudemment que, comme au chapitre général pour éviter la confusion, la multitude des électeurs avait été réduite aux provinciaux et custodes, pour le même sujet la multitude des vocaux serait limitée aux gardiens et aux discrets qui vont donner la voix au nom de tous ceux du couvent qui les ont élus. Or en toutes les choses susdites, les frères lais en tant que frères de cette religion, ont droit égal avec les prêtres et les clercs, ils ont égal intérêt de savoir les ordonnances pour les accepter ou refuser, pareille obligation d'avoir des supérieurs et de leur obéir : en un mot même nom, même habit, même profession. Trois autres preuves tirées de divers endroits de la règle lesquels je vais éclaircir au paragraphe suivant.

(1) *Electio quæ a majori parte capituli fuerit celebrata, nulla zeli vel meriti consideratione confirmetur.*

PARAGRAPHE III.

Droit de règle tiré de ses divers chapitres.

Comme la règle de Saint-François est un abrégé en douze chapitres des conseils de l'Évangile, et pour ce, elle commence au premier, la règle et la vie des Frères Mineurs est celle-ci, à savoir, observer le Saint Évangile de Notre-Seigueur Jésus-Christ. Elle a pris les mêmes fondements que lui pour bâtir à l'éternité. Saint Augustin (1) dit que l'Évangile a été fondé par Notre-Seigneur en charité, pauvreté, simplicité et humilité : Ce sont les quatre colonnes de ce grand édifice dressé en terre par la sagesse incarnée (2), le Sauveur du monde, lui-même, ayant dicté la Règle à saint François, il a donné les mêmes appuis à cet institut séraphique qu'à son Évangile, l'esprit de la règle des Mineurs est un esprit de simplicité, d'humiliation, d'indigence et de charité fraternelle. Pour entretenir cette charité, union et bonne intelligence à ce que les frères à l'exemple des premiers fidèles (3), ne fussent qu'un cœur et qu'une âme, il a ordonné entre eux la plus parfaite égalité qui se retrouve parmi toutes les sociétés de religieux. Égalité de nom, d'habit et de profession, triple lien d'amour, duquel nous pouvons dire après Salomon, que c'est un cordon à trois résortes, qui ne se peut rompre

(1) *August. lib. de doctrinâ Christ.*
(2) *Sapientia œdificavit sibi domum.* Proverbe. 9.
(3) *Cor unum et anima una.* Act. 4.

que difficilement (1). Pesons et touchons un peu l'un après l'autre ces trois lacs de soie, et les montrons trois autres preuves nouvelles semées en divers endroits de la règle pour la vérité de notre proposition.

1° Premièrement : l'égalité de nom que la règle de saint François donne à tous ses professeurs, les appelant tant prêtres, clercs que lais, du nom général et commun de frères mineurs, est un préjugé de l'égalité des suffrages dans les élections qui se doit trouver parmi eux; un prêtre n'est pas plus frère mineur qu'un frère lai, ce dernier l'est autant que le premier; ce sont les membres d'un même corps, qui joints ensemble portent même nom de mineurs que saint François a affecté comme le caractère de l'humilité, nom de mineurs qui est puisé à la source des Évangiles, en saint Mathieu, celui qui est mineur au royaume des Cieux (2), ce que vous faites à l'un de ces mineurs, je le tiens fait à moi, en saint Luc. Celui qui est mineur entre vous; et en tout plein d'autres endroits. Cette qualité de frères et de frères mineurs étant l'appellation générale de tous les enfants du père séraphique, il a eu dessein d'introduire par ce nom comme une entière égalité entre ceux qui le portent, autrement si entre nous, il y avait quelques frères inférieurs aux autres, se rencontreraient des majeurs, la relation de majorité à minorité étant nécessaire, non seulement chez les philosophes, mais encore chez les grammairiens, où majeur est un comparatif qui dit et compare une personne plus grande en dignité ou en mérite à une

____

(1) *Domiculus triplex difficile rumpitur*. Eccles. 4.

(2) *Qui minor est in regno cœlorum*. — Math. 11. — *Non de minoribus his*. Math. 25. — *Qui minor est inter vos*. Luc. 9.

moindre en l'un et en l'autre. Que si la règle (1), une fois seulement lorsqu'elle parle de l'office divin, fait mention des clercs et des lais, ce n'est pas pour leur donner quelque nouveaux noms, mais les recevoir de l'Église, qui appelle ceux qui ont les ordres sacrés clercs, et ceux qui ne les ont pas de quelque condition qu'ils soient laïques; il faut donc dire que les uns sont frères mineurs clercs, et les autres frères mineurs laïques, comme dans le siècle on dit séculiers clercs, séculiers laïques, mais le nom commun de la règle est frères mineurs, titre d'humilité et d'égalité que saint François aima tant que comme disent les chroniques (2), il renonça généreusement à la qualité de prédicateur de pénitence, dont le pape Innocent III voulut favoriser son Ordre; il en remercia Sa Sainteté voulant posséder plus pleinement le nom de vrai frère mineur. Il crut que s'il recevait celui de prédicateur de pénitence, cette appellation honorable donnerait entrée à une inégalité entre ses frères, elle ne pourrait convenir si proprement aux clercs et aux frères lais, mais seulement aux prêtres; pour ce il s'excusa tant il était désireux de conserver l'égalité entre tous ses enfants. Ce qui n'est pas en toutes les autres religions, où les frères non initiés aux sacrés ordres ont nom différent des prêtres et des clercs, ils s'appellent frères convers, oblats Dieu donnés, coadjuteurs; ces derniers ne peuvent concourir aux élections de leurs supérieurs, et la raison est fondée principalement en ce que les clercs possédant ou capables de possessions et domaines en commun, en sont les vrais seigneurs, et pour ce sujet

______

(1) Règle, chap. 3.
(2) Première partie des chroniques, chap. 72.

6

leurs convers tenant auprès d'eux qualité de serviteurs, il n'est pas juste qu'ils concourent aux élections avec les clercs qui sont leurs maîtres; mais entre les frères mineurs auxquels les clercs et lais sont vrais frères spirituels, desquels pas un ne porte le nom de serviteurs que les supérieurs appelés par la règle du nom de ministres; par conséquent en toute rigueur tout doit être égal, leur pauvreté commune jointe à une souveraine simplicité demande ce tempérament d'égalité. Saint Paul (1) dit bien, parlant des premiers fidèles de l'Église de Macédoine, que leur très haute pauvreté, le texte grec porte très profonde et comme anéantie, a abondé en richesse de leur simplicité : Pourquoi la pauvreté des mineurs étant telle, très haute, selon que l'ont qualifiée les papes, très profonde et anéantie, n'aurait-elle pas les trésors de cette simplicité qui est la mère de l'uniformité entre les professeurs, uniformité de nom qui prouve celle des suffrages dans les élections.

2° La seconde est l'uniformité d'habit. Tertullien (2), parlant de celui des femmes, dit que la perfection du vrai fidèle doit être si grande, que de l'âme où elle tient son trône, elle s'étende au dehors dessus les vêtements, que l'œil soit le juge de la profession, et que le monde canonise le chrétien en le regardant; disons de même que la personne religieuse, suivant une vie dégagée du monde et de ses intérêts, doit être autant dis-

(1) *Altissimo eorum* κατὰ βαθους, *id est profundissimo et quasi ad fundum exinanita paupertas abondavit in divitias simplicitatis eorum.* — 2. Cor. 8.

(2) Tertul. lib. de cult. fœmin. cap. ult. *Predicitive christiana tanta debet esse plenitudo ut emanet ab animo in habitum et eructet a conscientiâ in superficiem ut ex foris inspiciat quasi suppellectillem suam, etc.*

tinguée du reste des séculiers en l'habit que par les mœurs ; comme nous avons fait vœu d'une vie plus parfaite et plus rigoureuse, elle doit paraître sous une robe plus humble et plus austère. Tel est l'habit des Frères Mineurs ; il condamne par sa seule vue le luxe, la pompe, et la vanité des vêtements du siècle, étant gros, rude, rapiécé, semblable à celui des pauvres et sans couleur artificielle.

Or cet habit est sans aucune distinction la moindre du monde porté de la même façon par les frères lais que par les clercs et les prêtres. Dans les autres congrégations les convers, oblats, coadjuteurs, sont distingués par la forme, quelquefois même par la couleur du vêtement ; en celle de Saint-François, la règle ordonne que tous les frères, tous, elle ne marque aucune différence, tant prêtres, clercs que lais, se revêtent de vils habillements (1), et les puissent rapiécer de sacs et autres pièces, selon la bénédiction de Dieu : Ils ont même habit, même forme, pareille couleur ; par conséquent tout est égal entre eux. La tête même et les pieds ont du rapport, lès prêtres et les clercs, selon le canon, portent des couronnes ; le pape Innocent III, au rapport de saint Bonaventure en la vie de saint François, fit faire à tous les frères lais de petites couronnes selon l'ancienne coutume des moines, à ce que plus librement ils puissent prêcher la pénitence, suivant en cela la volonté du père séraphique qui était présent, dignité qu'ils ne désirent pas, non plus que la supériorité en acte, trouvant plus de douceur dans la bassesse des humbles offices que dans l'honneur des charges éminentes ; les frères lais récollets et plusieurs

(1) Reg., c. 2. *Fratres omnes vestimentis vilibus induantur*.

cordeliers portent encore quelque espèce de couronné, comme reste de l'antiquité; le R. P. Lucas Wadingus (1) le témoigne en ses Annales générales des Frères Mineurs. Si de la tête nous descendons jusqu'aux pieds, la nudité est égale dans les frères lais mineurs comme dans les prêtres et clercs. Dans les autres congrégations, voire réformées, leurs frères lais portent chaussures et non les prêtres : parmi nous tout est pareil, et quoique la nudité des pieds pèche criminellement contre l'Aphorisme (2), l'amour que Platon décrit nu-pieds et fort pauvrement couvert (3), nous a découvert les nôtres également.

3° Egalité d'habit et de chaussure, seconde preuve, qui est suivie d'une troisième encore plus forte, savoir égalité de profession. Miranda, dans le Manuel de Prélats, prouve que les convers des autres religions ne sont pas vraiment et proprement religieux des congrégations où ils entrent, à cause qu'ils ne font pas même profession; ils font bien des vœux, mais ce n'est pas en une religion approuvée, c'est seulement pour la bonne façon de vivre, afin de servir aux autres. Pour ce il n'est pas de merveille s'ils sont exclus des élections; mais en l'ordre des mineurs, les frères lais sont vraiment religieux, parce que, sans aucune différence d'un seul mot, ils font même profession que les prêtres et les clercs; ils sont de vrai appelés lais, non pas qu'ils ne soient personnes ecclésiastiques et religieuses, mais pour les distinguer des clercs, d'au-

(1) Wadingus, t. 1, ann. 1210. *In quibusdam regionibus adhuc huiusmodi gestant coronulos vel tonsuras religiosres et antiquæ consuetudinis solliciores laïci.*

(2) Hipp. Afor.

(3) Plat. *in Tim.*

tant qu'ils n'ont pas les ordres sacrés : et Barbosa, très docte jurisconsulte, dit qu'ils jouissent en cette qualité du privilège canonique que quiconque les viendrait à frapper encourrait l'excommunication comme si c'était un clerc (1). De même, dit Suarès, qui ajoute que cela les exempte de la juridiction des princes temporels, des subsides et tributs ordinaires aux séculiers (2). Or en vue d'une même profession, de mêmes vœux essentiels prononcés à Dieu, il ne serait pas raisonnable d'engager les frères lais à toutes les rigueurs de la règle, et les vouloir priver de ce qui s'y trouve de favorable et commun. Tout est donc égal et universellement, il n'y a entre les prêtres, clercs et lais distinction qu'en ce qui est du nom qui en représente la condition, et du service divin, en sorte que la règle ordonne aux lais des Pater noster à dire, pendant que les clercs chantent au chœur, d'où il s'ensuit qu'elle les rend semblables en toute autre chose hors ces deux, suivant la règle du droit (3), en tant qu'elle ne les distingue qu'en ces deux choses, par conséquent elle les rend pareils en tout le reste, et notamment au droit actif et passif, de concourir aux élections.

Ce sont à mon avis toutes les preuves que l'on peut tirer de la règle, elles sont comme un gros d'armée de raisons pour convaincre les opiniâtres, qui pourtant grondent toujours et nous font les objections suivantes, auxquelles je veux répondre amplement.

(2) *Barbosa in* 5 *decret.*, tit. 39, c. 9.
(3) Suarès, t. 3, *de Rel.,* l. 2, c. 18, num. 12.
(1) *Exceptio firmat regulam in contrarium.*

SECTION III.

Objections contre le droit et leur réponse.

La pensée de saint Augustin est très véritable lorsqu'il dit écrivant contre Pélagius, que par occasion l'Église catholique a de l'obligation aux hérésies, elles ont fait étudier les docteurs à l'éclaircissement de nos mystères, la lumière de la foi s'est rendue plus vive par l'opposition de ces ténèbres, comme dans la philosophie les contraires s'entreprêtent de l'éclat par leur voisinage.

Je tiens que c'est une erreur et une espèce d'hérésie de la règle de saint François de croire que tous ses professeurs n'ont point droit égal actif et passif dans les élections de l'Ordre ; l'opinion contraire qui s'est levée dans notre âge a rendu le même service à notre institut que les hérésies à la doctrine de l'Église : Elle a fait étudier les amateurs de la vérité pour la découvrir ; il a fallu feuilleter les canons, les histoires, les conciles, les ordonnances des papes, le droit régulier et civil ; il a été nécessaire de raisonner puissamment sur les termes de cette règle qui sont en dispute, comme j'ai tâché de faire jusqu'à maintenant ; sur toutes les oppositions que dans l'école nous appelons objections, ont éveillé la pointe des esprits, pour y répondre pertinnement. C'est à quoi j'ai travaillé et, pour marcher en ordonnance contre une armée qui me met en texte les conciles, les papes et les chapitres généraux, sans m'effrayer de ces gens, tout pygmée

que je suis, j'espère la victoire en cette guerre de
raisons; je commence par la réponse au concile; je
poursuis au second paragraphe par celle aux bulles des
Papes qui semblent contraires à ma proposition; en
troisième lieu j'examine les ordonnances des chapitres
généraux qui paraissent d'abord favoriser l'opinion
ennemie.

PARAGRAPHE PREMIER.

Objection tirée du concile de Trente et sa solution.

Il est vrai que les Pères de l'Église sont comme
l'historien Ruffin nommait les saints Eusèbe et Hilaire,
les pompeuses et magnifiques lumières du monde (1),
mais ce titre leur est dû principalement lorsqu'ils sont
assemblés dans les conciles généraux pour décider des
points de la foi, et régler les mœurs des ecclésiastiques. C'est en ces augustes assemblées qu'ils méritent
surtout la qualité que saint Paul donnait à la fleur du
Christianisme : il les nommait, selon la force de l'idiome
grec : les flambeaux de l'Univers (2), les astres et les
grands luminaires, qui éclairent la terre et montrent à
ses habitants la route du salut et le chemin de la vie.
Ces éloges sont dus justement au sacré et dernier concile général qui s'est tenu sous divers papes, en la ville
de Trente, quoique la France pour des raisons d'État
n'ait pas reçu ses décisions, les capucins français les
révèrent et y obéissent.

(1) Ruffin, l. 1, c. 31. *Magnifica mundi lumina.*
(2) *Ad. Philip.* 2. — (ἰος φωστηρες ργ κοσμισ λόγον ζιοῆς ἐνσχον-
τες) : *luminaria in mundo verbum vitæ continentia.*

L'un de ces arrêts ecclésiastiques semble choquer le sujet de ce traité, et c'est la première objection armée d'autorité, qui se présente à nous pour la combattre, au moins pour la résoudre.

Les termes du concile portent que, quiconque est consacré au service divin dans une église cathédrale ou collégiale, séculière ou régulière, s'il n'est au moins initié de l'ordre de sous-diacre, ne puisse avoir voix aux chapitres de telles églises, quelque privilège qu'il puisse prétendre au contraire (2). Voilà un grand Achille qui étonne de prime face, mais qui s'arrêtera à examiner sa force trouvera qu'elle n'attaque pas nos retranchements.

Ce décret ne se peut entendre des frères lais mineurs : le concile n'a eu aucune pensée des ordres mendiants, dont il ne fait point de mention, ce qu'il n'eût omis s'il eût eu l'intention de les comprendre dans cette ordonnance. L'on n'a jamais vu en tout le droit, ce n'est pas le style des canons, bulles, brefs, privilèges, concessions, d'appeler les communautés mendiantes du nom d'églises cathédrales et collégiales, mais simplement monastères et couvents.

Les docteurs canonistes comme l'abbé Jason, Petrus de Ruberto, Olradus et autres rapportés par Rodriguès dans ses Questions régulières, tiennent cela pour constant (1) : Ce dernier répond expressément que ce canon ne s'entend point du tout des religieux, spécia-

----

(2) Con. Trid., c. 44, sess. 22. — *Quicunque in cathedrali vel collegiala seculari vel regulari ecclesia divinis mancipatus officiis in subdiaconatus ordine saltem constitutus non sit, vocem in hujusmodi eclesiis in capitulo non habeat.*

(1) Rodriguès, t. 2, 9, 52, art. 5. *Canon non comprehendit monachos nec mendicantes.*

lement des mendiants composés de clercs et de lais, et moins encore des frères mineurs, puisque, selon le droit, l'on doit restreindre les peines (1) aussi bien qu'amplifier les grâces. Réponse qui n'est pas seulement celle d'un docteur particulier comme Rodriguès, mais de la Sacré Congrégation des Éminentissimes cardinaux destinés exprès du Souverain. Pontife pour l'explication des difficultés du concile. Le docte Bellarmin, cardinal lui-même, nous l'assure, quand il dit la résolution, que le concile n'a pas eu dessein de traiter en cet endroit des monastères réguliers (2).

La même congrégation enquise une seconde fois sur ce sujet par le révérend père Parasel, général des pères minimes, fit la même réponse que le concile de Trente n'a prétendu aucunement contrarier aux constitutions régulières qui portent ce privilège. Terme des constitutions qui, outre le droit de règle dont j'ai traité, m'oblige insensiblement de parler des nôtres, puisqu'elles expliquent ce décret du concile que nous avons en mains. Ces constitutions, faites par inspiration du ciel au commencement de notre réforme, traitant des élections, après avoir ordonné que tous les profès, clercs et lais ayant achevé quatre ans en l'Ordre aient même voix passive, lorsqu'il est question des clercs, elles disent en propres termes, les clercs quoiqu'ils ne soient pas sous-diacres pourront avoir voix aux élections nonobstant le décret du sacré concile de Trente, et ceci par déclaration ou bien concession de feu Pie V d'heureuse mémoire. Ce statut n'est que pour

(1) *Pœnæ sunt restringendæ.*
(2) *Bellarm. in decret. concil.*, fol. 260. *Sed non loquitur de monasteriis regularium.*

les clercs, pour preuve de quoi, immédiatement après, elles ajoutent : partant tous les frères, tant clercs comme lais, après qu'en notre congrégation ils auront fait la profession pour quatre ans entiers. Il est aisé de voir par ces paroles que pour le concours des lais aux élections, elles ne font mention aucune ni de concession apostolique, ni de déclaration, d'autant qu'elles ne sont nullement nécessaires, ni même du concile de Trente, comme celui auquel le suffrage des lais ne déroge ni contredit aucunement, comme fait apparemment celui des clercs qui n'ont pas encore reçu l'ordre de sous-diacre. Et ne sert de rien de dire que, si le décret du concile exclut les clercs non initiés aux ordres sacrés, à plus forte raison les lais : car j'ai déjà montré qu'il ne parle des clercs moines ou religieux : Et de plus l'on sait que, dans les choses morales, et principalement de droit positif, dans les conciles, brefs, privilèges, canons, etc., l'argument du plus au moins (1) ne conclut point, parce que les paroles des bulles, canons, conciles, révocations, etc., ne valent qu'autant qu'elles donnent : C'est l'opinion de tous les docteurs canonistes. De plus les frères mineurs lais étant en possession de voix active et passive devant le concile de Trente, l'on n'ôte jamais un droit fondé en possession s'il n'est fait mention expresse, ou au moins en terme qui dirait qu'on veut que tous ceux qui de tout temps sont en possession en soient déchus et qu'on entend qu'ils soient comme s'ils étaient exprimés spécialement. Or le concile ne parle ni de près ni de loin des mendiants, encore moins des frères lais mineurs, et ne veut point qu'on tienne pour exprimés et enten-

____

(1) *A majori ad minimos.*

dus que ceux qu'il exprime et entend : savoir les églises cathédrales et collégiales soient-elles régulières ou séculières, d'autant qu'il y en a de ces deux états, et il a été convenable, dit Rodriguès, de les induire à prendre les ordres par la crainte de perdre le droit de voix active et passive dans les élections de leurs chapitres (1). C'est l'esprit, le dessein et la fin de ce décret du concile, qui ne concerne aucunement nos frères lais; par conséquent cet arrêt de Trente ne les touchant pas, il n'invalide pas aussi leur droit. Voyons si les ordonnances des papes leur sont plus contraires.

PARAGRAPHE II.

Ojections tirées des bulles, brefs et ordonnances des souverains pontifes, et leur réponse.

Comme saint Hilaire de Poitiers a qualifié saint Pierre le juge du ciel (2), Théodoret nomme ses successeurs les juges de l'Univers (3), Gomesius va bien plus avant, il appelle le pape le Chancelier de l'État de Dieu (4), en terre le souverain des lois; ses arrêts et sentences sont les bulles, décrets, brefs et ordonnances qui émanent du Saint-Siège, que les évêques de France écrivant au pape Léon, ont nommés les oracles de l'esprit apostolique (5). Les adversaires de notre proposi-

(1) *Quos metu juris amittendi activæ et passivæ vocis ad suscipiendos ordines induere conveniens fuit.*
(2) *Hilar. in Ps. 131. Cœli judex.*
(3) *Theodor., l. 2, c. 4. Orbis universi.*
(4) *Gomecius. Solum Dei cancellarium.*
(5) *Apud S. Leonem, ep. ult.*

tion se croient bien forts, ils pointent contre elle tout plein de canons pour la renverser, ils allèguent les décisions de cette autorité que saint Léon dit éternelle (1) pour la mettre bas. Mais je leur vais montrer que leurs arguments ont plus de force apparente que de véritable, et que reconnaissant le Saint-Siège pour la règle de vérité, jamais les vicaires de Jésus-Christ n'ont eu le dessein d'ôter le droit de voix active et passive aux frères mineurs lais, vrais enfants de saint François et ponctuels observateurs de sa règle qui le leur donne. Pour éviter la confusion, je suis l'ordre des temps et fais voir que Grégoire IX, Boniface VIII, Pie IV et V, Grégoire XV et celui qui à présent occupe dignement la chaire de Saint-Pierre, Urbain VIII, n'ont pas eu l'intention d'altérer la règle séraphique. J'expliquerai leurs Brefs et donnerai jour à leurs Ordonnances.

Le premier qui marche en tête, c'est Grégoire IX, qui l'an 1227 succéda à Honorius, confirmateur de notre institut. Ce Grégoire, au rapport de Miranda (2), Corduba et autres docteurs, révoqua le droit qu'aurait confirmé son prédécesseur pour nos frères lais, il les déclara inhabiles à cause du défaut des saints ordres de concourir aux élections; mais, ajoute Miranda, la révocation fut modérée et soumise par le même pape à la coutume (3). Or est-il que la coutume, comme je le montrerai ci-dessous, a toujours persévéré dès le commencement dans le progrès et en toutes les réformes de la religion, voire ne s'est point perdue du temps du même Grégoire, comme il est aisé de voir dans les

(1) *Leo serm. 2. De sua assumptione.*
(2) *Miranda. man. præl.,* t. 2. — 9, 3.
(3) *Nisi consuetudine aliud fuerit introductum.*

chroniques de l'Ordre, qui même ne font aucune mention de cette révocation, quoiqu'elles rapportent en plusieurs chapitres ce que ledit Grégoire IX ordonna de temps en temps en la religion. Saint Bonaventure même, qui vint quelques années après, traitant cette matière, ne parle point que ce droit fût révoqué, seulement il dit que les supérieurs doivent ordinairement être prêtres, il en modère l'usage sans en ôter le droit, et c'est ce que Grégoire IX a voulu faire, comme l'expérience a fait voir de son temps et depuis. Même, ce qui est bien notable, les mémoriaux anciens nous en donnent assurance, et disent que ce fut seulement un statut fait par Hiéromie ou Haimo, Anglais, sixième général élu en présence de Grégoire IX. J'en parlerai au paraphe suivant répondant aux ordonnances des chapitres généraux. Maintenant pour ne rien confondre et m'arrêter à ce qu'a fait Grégoire IX : outre que Nicolas III, son successeur, déclarant la règle, dit que la déclaration de Grégoire IX a été trouvée obscure et non suffisante pour le regard d'aucunes choses. Le même Grégoire fut mari de l'ordonnance que dessus. Il s'était laissé surprendre par frère Élie, et ses partisans, ennemis de la simplicité et humilité séraphique, jusqu'à leur donner plein pouvoir sur les vrais et légitimes enfants de l'Ordre qui furent persécutés jusqu'à la mort. Le bienheureux frère Césarius étant détenu en prison, son âme sortit de la prison du corps, et décéda dans un cachot; mais Dieu devant qui la mort des saints est précieuse, fit voir cette âme bienheureuse montant au ciel au susdit pape, et l'avertit par la bouche d'un ange qu'il rendrait compte de ce que par son autorité les bons religieux étaient maltraités. Se voyant ainsi déçu par les fourbes de frère Élie, il fit assembler un chapitre, révoqua ce qu'il avait

fait, et au rapport de Wadingus (1) dit publiquement
en une sienne exhortation faite aux frères avec zèle et
ferveur, qu'il fallait remettre la simplicité et humilité,
plus avantageuse au bien de la Religion, que l'humaine
prudence du siècle. Voilà comme ce pape au lieu de
faire pour les adversaires de notre proposition, la confirme davantage. Écoutons les décrets des autres pontifes.

Vint ensuite Boniface VIII. On nous veut à croire
qu'il n'a pas été boniface, c'est-à-dire bienfaisant aux
frères lais; il succéda l'an 1296 au saint pape Cé-
lestin. Comme s'il eût eu même aversion des frères
lais de Saint-François, qu'il avait du roi de France,
Philippe le Bel, lequel il excommunia, il fit un décret
par lequel il défendit aux convers de concourir aux
élections avec les clercs (2). Ce canon ne renverse pas
le droit de nos frères lais, puisque j'ai montré amplement ci-dessus qu'il y avait entre eux et convers
une différence essentielle. D'ailleurs la glose, interpré-
tant cette ordonnance pontificale, dit qu'elle n'empêche
nullement et n'ôte pas les coutumes prescrites des lieux,
ordres et personnes spéciales (3). Prescription de coutume en notre fait que je traiterai amplement en la seconde partie.

(1) Wadingus, t. 1, ann. 1239, page 579, num. 7. — *Sermocina-*
tus est in medio sedens cum magno fervore et zelo restituendæ
sanctæ simplicitatis et sinceritatis per quas humile hoc sodali-
tium plus semper profecturum quam per humanam sæculi
prudentiam longo comperit experimento.

(2) *Ex eo de Elect. in 6. Ne conversi electionibus cum clerici*
intersint.

(3) *Sed decretalis ista non tollit specialium locorum ordi-*
num vel personarum consuetudines prescriptas, quare illi pres-
criptæ consuetudini stari debet.

Peut-être que l'autorité du pape Benoît XII sera plus préjudiciable à notre question. L'an 1387, il fit un statut (1) par lequel chaque couvent particulier élirait son gardien et que ceux qui ne seraient point dans les ordres sacrés n'auraient point de voix dans les chapitres. Je confesse qu'il en a été de la sorte, mais ç'a été seulement pour les conventuels, témoin ce mot de liens conventuels couché dans le Bref. Ces conventuels, fort éloignés de la très haute pauvreté du père saint François, en voulurent faire autant de son humilité, et se disposant à se rendre semblables aux autres religions, par les rentes et possessions, les voulurent imiter en leurs frères lais et servants distingués de profession ; pour ce ils obtinrent du pape Benoît XII ce statut comme fait foi l'ancien mémorial de l'Ordre où il est porté expressément au titre commentant les constitutions pontificales de Benoît XII pour les conventuels (2). Cette objection par conséquent ne touche pas les vrais frères mineurs, n'ayant été faite que pour ceux qui s'étaient relâchés de la première simplicité.

Les papes Pie IV et V ne nous sont pas plus contraires : le premier, sous lequel se termina le concile de Trente, donna exprès une bulle en ce temps pour la confirmation de notre réforme, où il fait voir non seulement que l'usage des élections qui se pratiquaient en la congrégation des capucins ne fut pas agité, mais

(1) *Statuimus ut deinceps gardiam in singulis locis conventualibus dicti ordinis eligantur in quorum electione nullus vocem habeat nisi qui sallem 15 annos assigevit et in sacris fuerit ordinatus.*

(2) *In firmam trium ordinum in proëmio constit. papal. Ben.* XII, p. 201. col. 3. — *Incipiunt constitutiones papales Benedicti* XII *quæ pro conventualibus tantum faciunt.*

qu'il fut autorisé avec nos constitutions par ce souverain pontife, faisant mention par rencontre des discrets et parlant des custodes qui doivent élire les généraux et provinciaux. Notre Très Révérend Père général Tifernais qui, au rapport de Boverius (1) en nos Annales capucines, obtint cette Bulle et qui assista à la conclusion de ce sacré concile de Trente, l'an 1561, n'eut point de doute là-dessus, sachant bien qu'il ne s'opposait pas à la pratique de l'Ordre et au droit de voix active et passive des frères lais qui étaient alors communément supérieurs en Italie à la vue du concile et du pape. Ce pape Pie IV donc, au lieu de s'opposer, a favorisé notre opinion. Le successeur de son nom et de son autorité, Pie V, a été aussi de ce sien sentiment.

Le Révérend Père Boverius, dans les chroniques de notre réforme, remarque qu'en l'an 1566 le Révérend Père Eusèbe d'Ancône, lors procureur de cour et depuis ministre général, demanda au susdit pape la résolution de deux doutes, dont l'un était pour la voix des frères lais aux élections; il déclara que les clercs dans les moindres ordres et les frères lais selon le privilège de l'Ordre (privilège qui est la confirmation de la règle, comme celui de la sainte pauvreté), pourraient légitimement jouir de la voix dans les chapitres, nonobstant le concile de Trente, et confirma ledit privilège de règle de vive voix, de quoi fut fait un écrit, qui est soigneusement conservé aux archives du couvent de Rome. L'on reconnaît par ce narré que ledit pape Pie V d'heureuse mémoire n'a fait que confirmer de vive voix le droit actif et passif que la

____

(1) *Boverius, Ann. cap. ann.* 1560, page 180.

règle (1) par un privilège qui lui est spécial donne aux susdits frères, qu'il n'a eu intention de leur octroyer quelque autre privilège. La raison est que le don par seul privilège suppose, ou que jamais l'on n'ait eu ce que l'on obtient par ce mode, ou que l'ayant eu l'on en ait été privé. Or ni l'un ni l'autre ne se trouve au fait des frères mineurs lais : car, dis-je, ils avaient la voix comme il appert, ils étaient en possession, non privés par le concile ni par autre ordonnance ecclésiastique; ce qu'a fait donc Pie V de vive voix touchant les dits frères, n'a été qu'une confirmation de leur droit de règle qui fait qu'ils n'ont aucun besoin de privilège. Cela se collige encore clairement de nos anciennes constitutions rendues conformes au concile de Trente l'an 1575. Pie V les ayant lues attentivement, au rapport de Boverius, dit haut et clair qu'elles étaient dictées par le Saint-Esprit et qui les observerait à la lettre deviendrait saint. Or il paraît dans le texte de ces constitutions canonisées par la bouche de ce pieux pontife, que l'on n'obtint aucune déclaration ou concession pour les frères lais ne faisant aucune mention d'eux, mais seulement des clercs; elles usent du mot de déclaration ou concession et y ayant la particule ou, on peut conclure, comme l'on fait en toutes les choses favorables, que ce qui fut donné aux clercs n'était ni concession, ni privilège, mais une simple déclaration de vive voix par laquelle Pie V notifiait que le concile de Trente n'entendait point parler des mineurs, mais seulement des clercs chanoines réguliers,

(1) Roderic. 9. Reg., t. 2. — 9, 52. — Art. 5. — *In nostra religione laïci particulari nostræ regulæ privilegio muniri gardiani creantur et ut discreti ad capitulum generale vel provinciale quandoque mittuntur.*

en laquelle déclaration, il ne sonne mot du tout des frères lais, jugeant que leur possession était si claire et leur droit si net que le concile n'y ayant point du tout dérogé, il eût été superflu d'en faire mention, joint que, quand ce serait un privilège (ce qui n'est pas, comme il est trop prouvé), il ne serait pas pour les frères lais; le concile et le pape ne parlant point d'eux, ils ne leur ôtent rien, mais les laissent dans leur droit de règle.

Restent maintenant les deux derniers souverains pontifes Grégoire XV, d'heureuse mémoire, et Urbain VIII à présent séant dignement en la chaire de Saint-Pierre. Le premier, par une Bulle émanée l'an 1621, second de son pontificat, et le second jour de juillet, révoqua tous les privilèges de vive voix sans exception, et pourtant les frères lais mineurs ont toujours joui et jouissent encore de leur droit, qui n'est point compris dans ces révocations de privilèges, ne les tenant pas de ce principe. Que si le pape d'à présent a fait de même et pour justes causes a réitéré la même révocation de son prédécesseur, il n'a pas été nécessaire d'avoir un nouveau Bref, qui est la source de notre querelle, et que je vais examiner en ces circonstances au paragraphe suivant.

PARAGRAPHE III.

Objection tirée du dernier bref de N. S. P. le pape Urbain XIII et sa réponse.

Les écrivains de l'histoire naturelle parlant des abeilles remarquent que le roi de cette république volante est celui qui n'a point d'aiguillon ; comme son royaume n'est que de miel, et le miel, symbole de la douceur, la nature n'a pas trouvé à propos de lui donner d'autres armes que la majesté et la bénignité de sa présence. Sans flatter notre saint père le pape séant maintenant au siège de Rome, nous le pouvons appeler le roi des abeilles ; son nom et ses armes en portent le caractère ; le nom de son sacre qui est Urbain, témoigne une douceur sans aiguillon ; les armes de sa maison qui est florentine, sont trois abeilles, lesquelles à mon avis sont une augure de bénignité et un présage de clémence ; clémence et bénignité que l'on a surprises, obtenant un Bref qui forme la plus puissante objection que l'on oppose à notre vérité. Il la faut entendre pour y répondre. Voici le Bref tourné en notre langue fidèlement de mot à mot ; je l'éplucherai de même avec respect et pèserai tous ses termes.

« Urbain Pape huitième, pour mémoire future de la chose.

« Nous ayant été depuis peu de temps exposé de la part de nos bien-aimés fils les frères mineurs de saint François, appelés capucins, qu'autrefois le pape Pie V, d'heureuse mémoire, notre prédécesseur, avait concédé de vive voix aux frères lais du dit Ordre qu'ils pussent avoir voix dans les élections, nonobstant le concile de Trente (en la session 22 *De reformatione*), laquelle concession a été limitée des chapitres généraux du dit Ordre, à savoir que les frères lais fussent privés de voix active et passive dans les élections prédites jusqu'à ce qu'ils eussent accompli quatre ans entiers au dit Ordre. Mais parce que Nous avons révoqué ce qui avait été concédé de vive voix, pour de certaines raisons qui Nous y ont ému, les dits frères

Nous ont fait humblement supplier que Nous daignassions par Notre bénignité apostolique leur accorder les choses prédites, et leur pourvoir opportunément comme autrefois. Nous donc, voulant obliger de faveur et grâce spéciale les dits frères, et incliner à leurs prières par ces présentes, Nous absolvons et tenons pour absous les personnes particulières de toutes excommunications, suspensions, et interdictions, et autres sentences ecclésiastiques, censures et peines portées par le droit ou par l'homme, pour quelque occasion ou cause que ce soit, si par elles elles se trouvent engagés en quelque façon que ce puisse être, et que les frères lais du dit Ordre maintenant profès aient voix selon la limitation des dits chapitres généraux, mais dorénavant ceux qui prendront l'habit accoutumé être porté par les frères lais et qui feront la profession régulière qu'ils professent ordinairement, Nous concédons et accordons par la valeur des présentes, qu'ils puissent avoir et aient par l'autorité apostolique, librement et licitement la voix active et passive dans les élections, après qu'ils auront demeuré sept années entières en l'Ordre commençant du jour qu'ils ont pris l'habit. Nonobstant Notre prédite révocation et autres constitutions et ordonnances apostoliques du dit Ordre même affermi par jugement, confirmation apostolique, statuts, coutumes, et autres choses contraires à ces présentes qui ne vaudront que pour trente ans. Donné à Rome à Sainte-Marie Majeure, sous l'Anneau du Pêcheur, le 30e jour de septembre 1637, en l'an 15e de notre pontificat. »

Si ce n'est pas un crime d'éplucher les mots du sacré texte qui sont les oracles de la bouche dont Dieu a parlé aux hommes, il me sera bien permis de faire de religieuses réflexions sur le terme de ce Bref qui limite à trente ans ce que la règle des mineurs donne pour toujours aux frères lais qui l'ont professée.

Premièrement ce Bref ne peut avoir lieu puisqu'il est subreptice, et obtenu sous fausses données à entendre; le saint père dit au commencement que l'on a exposé que la voix que les frères lais ont dans les élections de l'Ordre est un privilège et pure concession de vive voix de Pie V. C'est tromper la première puissance siprituelle du monde que de lui faire croire une chose si éloignée de la vérité; j'ai montré plus amplement jusqu'à maintenant et depuis peu en la réponse à l'objection de Pie V, que ce qu'en a dit ce pape n'est qu'une déclaration vocale du privilège écrit et couché en la règle où ce droit est essentiel. Or comme qui bâtit sur un fondement ruineux ne fait rien qui vaille, le temps, l'orage et le vent renversent son ouvrage, ainsi c'est édifier sur le sable que d'obtenir un bref de Sa Sainteté sous une fausse supposition. L'intention du Vicaire de Jésus-Christ souvent notifiée même dans les Bulles est (si ainsi que vous exposez), il n'est pas ainsi que l'on a exposé au pape en notre fait, par conséquent l'ayant surpris l'on peut appeler de ce bref et faire comme M. Jean de Nanterre dans nos Annales, ce procureur général du roi dans le parlement de Paris appela des Bulles du cardinal de la Balue au pape mieux informé (1); si des Bulles d'un cardinal présent, à plus forte raison l'on peut appeler d'un Bref subreptice, tel que celui-ci, du pape mal informé à lui-même mieux informé.

Poursuivons l'examen de ces paroles. Une seconde

____

(1) *Ad papam melius informatum.*

7.

fausseté, c'est que l'on a tâché de persuader au saint père que le concile de Trente en la session 22 ôtait la voix aux frères laïques mineurs; j'ai montré le contraire, ci-dessus, où je vous renvoie.

En troisième lieu, il parle de la limitation que les chapitres généraux ont faites, à savoir que les frères lais n'auraient voix active ni passive dans les élections jusqu'à ce qu'ils eussent accompli quatre ans entiers en l'Ordre. On n'a pas dit au pape que cette limitation n'a pas été pour les seuls frères lais, elle a été faite commune aux clercs et aux prêtres mêmes qui entreraient en l'Ordre.

Pourquoi maintenant se servir de cette réticence pour faire limiter par un Bref la voix jusqu'à sept ans aux jeunes frères lais et non aux clercs à l'entrée de l'Ordre, le droit étant égal et la raison pareille. J'avoue que les chapitres généraux ont procédé mûrement de différer (sans doute avec permission des souverains pontifes) l'usage de ces voix à ceux qui entrent en la religion, le temps étant nécessaire pour donner expérience au gouvernement, mais cela est commun aux clercs comme aux lais : Pourquoi donc obtenir sous de fausses suppositions le délai aux jeunes frères lais pour sept ans, et les clercs concourraient au bout de quatre ans; c'est une inégalité contraire à la règle que Sa Sainteté n'a pas dessein d'altérer.

Quand la limitation sera égale pour les uns et pour les autres, les frères lais ne se plaindront pas d'injustice; ils recevront ce règlement comme un effet de bonne conduite et non de passion. D'ailleurs il est à croire que le premier règlement qui a limité les voix aux jeunes profès tant clercs que lais à quatre ans, fut fait au chapitre général du consentement de tous, des frères lais mêmes, qui contribuaient pour lors au gouvernement de l'Ordre en qualité de supérieurs majeurs; l'action suivante le fera paraître; je la tire du savant Boverins en nos Annales capucines. Il dit en l'an 1567 que le T. R. père général et autres anciens furent trouver le pape qui tenait pour lors la chaire de Saint-Pierre; ce fut pour obtenir la voix dans les élections du chapitre général au R. P. procureur de cour, encore qu'il ne fût point vocal et membre du chapitre. Entre ces anciens pères qui signèrent la requête est marqué frère Bernardin de Pise, laïque (1). Il est croyable sans doute que ceux qui furent trouver le souverain pontife étaient les définiteurs du chapitre général, leur signature même le porte. Entre eux était le frère Bernardin de Pise, laïque; quoiqu'il n'ait point signé définiteur, il y a néanmoins grande apparence qu'il l'était signant un même papier; au moins l'on ne peut nier qu'il donna son suffrage comme au nom de tous les frères lais à la demande que l'on faisait au pape. Les frères lais donc étaient pour lors supérieurs et appelés aux choses importantes à la manutention de l'Ordre. Ils consentirent également avec les prêtres à la limitation que dessus de l'usage de la voix à quatre ans pour les clercs et pour les lais; maintenant bien loin de consentir, ils s'opposent formellement à cette nouveauté contraire à leur droit et à la justice.

Le Bref continue : le pape dit que, parce qu'il a révoqué les privilèges de vive voix, les frères lais l'ont fait supplier de continuer le leur. Nous ne nous enqué-

____

(1) *Ego Frater Bernardinus Pisanus laïcus confirmo manu propriá.*

rons pas des raisons que Sa Sainteté a eu pour procéder
à cette révocation, nous les croyons toutes bonnes,
justes et saintes : mais nous tenons que le droit de voix
qu'ont les frères lais n'était pas compris en cette révocation, ayant montré que ce n'était pas un privilège
de vive voix; le pape Grégoire XV, comme j'ai dit, fit
la même révocation, et néanmoins personne ne pensa
à obtenir un Bref tel que le présent, aussi n'était-il pas
nécessaire. Il assure que les frères lais ont fait supplier Sa Sainteté de continuer leur privilège. Le contraire se voit assez par le désaveu général et particulier
qu'ils en font.

La Bulle poursuit : « Nous voulons obliger de faveur
et grâce spéciale les dits frères. » Ces mots déclarent
apertement que l'intention de Sa Sainteté n'est pas de
punir les frères lais, ni de leur ôter ce que la règle
leur donne et qu'aucun de ses prédécesseurs ne leur ont
ôté, mais bien de les gratifier et favoriser. Ce serait
les châtier, quoique innocents, de limiter leurs voix à
sept ans à l'entrée de la congrégation et à trente ans
pour ceux qui y sont déjà, par conséquent faut conclure que le pape a été surpris et mal informé. Jugez
de quelle force et de quelle valeur peut être un Bref
obtenu sous ces conditions, et s'il n'est pas licite de
le croire nul, au moins d'en appeler. C'est ainsi qu'entre des décrets, ordonnances et décisions des souverains pontifes, pas une si elle est bien expliquée ne
renverse notre opinion. Qu'au contraire ces vicaires
de Jésus-Christ l'ont autorisée, déclarant la règle devoir être entendue à la lettre, règle que deux conciles
généraux ont approuvée telle, et (par une faveur spéciale) insérée dans le droit canon de l'Église universelle, en quoi elle est un droit commun aussi bien que

particulier. Reste la dernière attaque, quoique la moindre, qui vient de la part des chapitres généraux; j'y réponds au paragraphe suivant.

PARAGRAPHE IV.

Objection dernière tirée des chapitres généraux,
et sa réponse.

Ce que sont les conciles et saintes assemblées des prélats dans l'Église, les chapitres le sont dans les ordres religieux, et comme les conciles sont de deux espèces, généraux et provinciaux, ceux-là de toute l'Église, ceux-ci de quelque province particulière; ainsi dans les sociétés et congrégations de personnes consacrées à Dieu, il y a des chapitres généraux et provinciaux; la règle séraphique parle de tous deux et les ordonne au chapitre VIII; le chapitre général est celui qu'elle appelle de la Pentecôte. L'intention de saint François étant qu'il fût célébré en ce temps que se solennise l'anniversaire de la descente du Saint-Esprit au monde, comme s'il avait voulu nous indiquer que dans les assemblées générales de tout l'Ordre, pour le bien régir, la première chose qu'il faut faire c'est d'invoquer l'assistance du Saint-Esprit, ce qui grâce à Dieu s'observe religieusement parmi nous. La même règle qui a décerné le chapitre général comme un précepte, au même chapitre VIII, sur la fin, prescrit une liberté; elle permet aux ministres et aux custodes dans le retour en leurs provinces et custodies d'assembler, s'ils veulent et le trouvent expédient, leurs frères au chapitre. Voilà le chapitre provincial subordonné au général. Sans entrer dans cette question épineuse si le pape est au-dessus du concile ou le concile au-dessus du pape, nous tenons en l'Ordre de Saint-François, après Barthélemy de Pise (1) et les quatre maîtres, que le chapitre général est au-dessus du général, qu'il peut borner sa puissance, à plus forte raison celle des provinciaux, la raison est que l'intention de la règle dans la convocation des chapitres est de trouver les moyens de la pureté de son observance. Moyens qui, étant rédigés en ordonnances, si le général ou le provincial les violait ou en dispensait, ils iraient de front contre l'esprit et le dessein du père séraphique : Pour ce, afin d'éviter ce péril par l'autorité de la règle, les chapitres sont supérieurs aux supérieurs mêmes ; doctrine nécessaire à l'état de notre question, vu qu'il s'est trouvé un général, anglais de nation, sixième en nombre, Hierôme ou Haimo de nom, qui a voulu introduire un statut privant de voix les lais (2). Ce dessein, au rapport des anciens mémoires (3), fut projeté en un chapitre général tenu l'an 1239, présent même Grégoire IX ; là tous les frères lais furent rendus inhabiles aux prélatures. Ce statut se rencontra, au rapport de Miranda (4), dans les monuments de l'Ordre : Et de fait le R. P. Hierôme à Sorbon, très digne général des capucins, élu l'an 1239, en fait mention dans l'abrégé des privilèges, et plus ré-

(1) Barthélemi de Pise, l. 1. — *Conformit. in Expos.*, c. 8. reg., page 125.

(2) *In firmam trium Ordinum*, I.

(3) *Part. in memorial ord. Min.*, page 99.

(4) *Miranda in man. Prœl.*, 9, 3. — Art. 2. *in monum. I. impress.* fol. 209 et 2 fol. 207. *Hierom. à Sorbo in compend. Privileg. v. laïci fratres*, § 9.

cemment Wadingus Hibernois, en ses annales (1), en l'an 1239. Pour répondre à cette ordonnance, je dis en premier lieu qu'elle ne prive pas absolument les frères lais du concours, mais seulement, selon le rapport du même Wadingus (2), qu'ils ne soient pas ordinairement institués prélats, si ce n'est dans les lieux où il y aura manque de prêtres, capables s'entend de prélature. Or il y a bien de la différence entre n'être pas institué et ne pas concourir aux élections, puisque plusieurs souvent concurent aux élections qui pourtant ne sont point prélats.

Secondement, comme le contraire de cette constitution capitulaire a été pratiqué dans l'Ordre jusqu'à ce chapitre de l'an 1239, à raison de l'excellence des frères lais compagnons de notre père saint François : Ains du depuis cette ordonnance n'a pas été observée, selon qu'il est facile de voir dans les chroniques anciennes, et que je montrerai bientôt dans le discours et les preuves que je tirerai de la coutume; il s'ensuit donc que ce statut n'a auçune force ni vigueur, quand même il aurait été reçu, voire gardé quelque peu d'années; il est pourtant certain que le manque de pratique depuis trois cents ans et plus a donné lieu de la prescription contraire qui le détruit.

En troisième lieu, l'ancien mémoire de l'Ordre (3) dit nettement que cette inhabilitation n'a eu aucune valeur, et n'a pu ni ne peut obliger, parce qu'elle est contre la liberté de la règle, et le pouvoir exprès que

(1) Wadingus, page 580. *Inhabilitati sunt fratres ad officia ordinis.*

(2) *Id. Ne fratres laïci passim instituerentur prelati nisi in eis partibus in quibus deessent sacerdotes.*

(3) Firm. 3. *Ordinum.* I. p. *Memor. ord. min.*, fol. 28.

(selon que j'ai montré ci-dessus) elle donne en son chapitre VII d'élire des supérieurs, même majeurs, non prêtres, clercs et laïques. La raison de la nullité de ce statut, c'est que les chapitres généraux ne peuvent pas détruire ni changer la règle, ayant été ordonnés par elle-même pour sa conservation. Cela est vrai spécialement en notre question, dit le même mémoire ancien en la page suivante, rapportant la conclusion des pères et docteurs, que les chapitres généraux ne peuvent ôter, limiter, ni diminuer le droit de voix que les frères lais ont dans les élections pour être même supérieurs; il ne se peut parler plus nettement. Toutes ces preuves sont aussi claires que si elles étaient écrites en caractères de lumière; les réponses solides fondées sur le droit, le droit ancien et nouveau bien établi. Passons maintenaut de la loi à l'usage, du droit à la coutume, de la première à la seconde partie, celle-là a été un peu difficile et épineuse, celle-ci sera plus facile et florissante.

FIN DE LA PREMIÈRE PARTIE.

SECONDE PARTIE

DE CE TRAITÉ.

LA COUTUME ET L'USAGE CONTINUEL DU DROIT
DE VOIX ACTIVE ET PASSIVE QU'ONT LES FRÈRES
MINEURS LAIS DANS LES ÉLECTIONS.

La coutume n'a pas moins de puissance que la loi,
et si le prince souverain est maître de la loi, les particuliers sont maîtres de la coutume; celle-ci prend sa
force peu à peu; elle s'établit par la suite des années
d'un commun consentement de tous ou de la plupart;
mais la loi sort en un moment, et prend sa vigueur de
celui qui a droit de commander à tous, la coutume se
coule doucement et sans violence; la loi est commandée
et publiée par autorité et bien souvent contre le gré des
sujets. Pour cette cause Dieu, dit Chrysostome, compare
la coutume au roi et la loi au tyran (1). De plus, dans le
droit civil, la loi peut casser les coutumes et la coutume
ne peut déroger à la loi (2), que toujours le magis-
trat et ceux qui ont la charge de la police ne puissent
quand bon leur semble la faire exécuter. La coutume ne

(1) Περι εθους και ψόρου.
(2) L. 6. — *Quare sit longo consuetudo c. Bar. Alber. in leg. de
quibus de legibus.*

porte récompense ni peine, la loi emporte toujours sa-
laire ou châtiment, si ce n'est une loi permise qui lève
les défenses d'une autre loi, et peut le faire court ; la coutume n'a force que par souffrance si elle n'est autorisée
de la loi ; l'usage doit être appuyé sur le droit, et
comme a fort bien dit ce grand évêque du Mans, Hildebert en une sienne épître (1), la coutume doit céder
à la vérité, autrement ce n'est qu'une chicane de palais, de préférer la première à la seconde ; l'usage ne
laisse pas d'être criminel lorsqu'il est contraire à la
raison. Mais quand en un même fait la loi et l'usage,
le droit et la coutume s'accordent, les preuves que l'on
tire de ces deux principes sont infaillibles. Telles sont
celles que je donne en ce Traité pour la question de
voix active et passive qu'ont les Frères Mineurs lais
dans les élections de leur Ordre ; je les appuie sur ces
deux fermes colonnes, le droit et la coutume, la loi et
l'usage. J'ai expédié jusqu'à maintenant la loi et le
droit, je vais montrer désormais le droit et la coutume,
coutume qui est aussi ancienne que l'Ordre. Pour ce
je commence dès son berceau et suivant le fil des
temps. Je divise cette seconde partie en trois sections :
la première déduira la coutume depuis le commencement de la religion des mineurs jusqu'à la réforme
de l'observance ; la seconde depuis la réforme de l'observance jusqu'à celle des capucins ; la troisième, en
trois paragraphes, sera l'usage et la pratique de ces
derniers qui sont les vrais observateurs de la règle,
où Dieu de sa grâce m'a appelé.

(1) Hildebert, ep. 64. — *Judicialis est pertinacia consuetudinem præferre veritati; nec liber est usus à culpa cui vel aucto-
ritatem constat obsistere vel adversari rationem.*

SECTION I.

Coutume depuis le commencement de l'Ordre jusqu'à la réforme de l'observance.

Si chez les philosophes qui traitent de la morale, la coutume est une seconde nature, si l'historien même de la vie d'Alexandre a soutenu que l'habitude était aucunement plus puissante que la nature (1); entre les jurisconsultes, principalement en France, les coutumes sont le vrai droit civil, vérité avouée par le pape Innocent écrivant au chancelier de l'Université de Paris, que la coutume approuvée s'observait exactement et avait vigueur de loi dans les provinces des Gaules (2). C'est ce que nous appelons prescription qui n'est autre chose que la longue jouissance.

Chez les Romains le temps n'était pas une manière reçue et admise en droit pour acquérir la propriété d'une chose, il fallait de plus un titre légitime (3). Pour quoi, selon les anciennes lois, la possession de très longtemps sans titre n'acquérait pas l'action pour demander, mais l'exception pour se défendre. Aussi le mot prescription en sa propre signification veut dire exception ou fin de non-recevoir, mais par la loi de Justinien, outre l'exception est octroyée l'action à celui qui a joui par très longtemps qui est de trente ans (4). Or coe

(1) 9. Curt., l. 5. *Consuetudo est natura potentior.*
(2) *Innoc., ep.* III. — *Ad cancell. Acad. Par c.* 1, *De offic. ord. Consuetudo approbata pro lege servatur in partibus gallicanis.*
(3) *L. obligationum feré §§ placet d. De act. et oblig.*
(4) *L. Si quis emptionis c. De præscr.* 30 *vel* 40 *annor.*

prescriptions sont introduites pour le bien public, à ce que les propriétés des choses et les droits ne demeurassent toujours au moins fort longtemps en incertitude qui engendrerait une confusion et désordre en la société des hommes. Pour ce il a été préfixé un certain temps dans lequel un chacun dût être soigneux de rechercher ses droits. La loi romaine (1) reconnaît deux sortes de prescriptions ; l'une, qui est dite de long temps, qui est de dix ans entre présents et vingt ans entre absents ; l'autre est nommée de très longtemps, savoir de trente ans en laquelle le titre n'est pas nécessaire, non pas même le droit. Les canonistes sont plus rigoureux et tiennent pour règle générale (2) que nul possesseur de mauvaise foi ne peut prescrire, soit que la mauvaise foi dure dès le commencement ou qu'elle survienne après ; mais le droit civil est moins sévère, il approuve la prescription de trente ans même avec injustice, non pas en faveur du prescrivant, mais en haine de celui qui est paresseux et négligent à pourchasser ses droits. Laissant l'opinion de ces derniers, je m'arrête aux premiers, puisque je traite une question canonique, ecclésiastique et régulière. Quelques anciens canons (3) reçoivent la prescription de trente ans en l'Église, ce qui en France est encore observé en la coutume de Berry, mais celle de quarante ans avec droit n'est disputée de personne.

Ceci présupposé comme une doctrine nécessaire à l'état de notre question, les frères lais mineurs, pour leur droit actif et passif dans les élections de l'Ordre, ne prescrivent pas seulement de quarante ans,

(1) L. I. *D. de nuncup. cap. vigilanti ext. de præscr.*
(2) *D. cap. vigilanti et cap. possess. de reg. inv. in* 6.
(3) *Cap. illud.*

mais de plus de quatre cents ans; la coutume d'avoir
voix et suffrages dans les assemblées canoniques de
leur institut est aussi ancienne que le même institut.
Cet usage a commencé quand et la religion de saint
François en l'an 1212 et a duré jusqu'à maintenant
parmi les vrais observateurs de la règle. La preuve
générale et commune à tout ce Traité, c'est que les
frères lais depuis ce temps ont été supérieurs, non
seulement des lieux et des couvents particuliers, mais
des provinces et royaumes entiers; pour être tels, il a
fallu par nécessité avoir voix active et passive, pouvoir
élire et être élu, puisque les philosophes disent que de
l'acte au pouvoir la conséquence est valable. Or cette
coutume se doit vérifier par la chronologie de l'Ordre.
Je commence dès sa naissance, non pas avec dessein de
compter tous les frères lais supérieurs, mais seulement les plus notables en sainteté, puisque cela suf-
fira à la preuve de notre proposition.

Le père séraphique, le premier et le chef de tous,
n'était, comme j'ai ci-dessus dit après saint Bonaventure et Suarez, encore probablement que frère laïque
lorsqu'il fut élu et choisi pour général de tout son
Ordre. Si, comme dit l'axiome de l'école, le premier de
chaque genre est la règle des autres (1), saint François, étant le fondateur et le premier général de sa
religion en tant que frère lai, il sert de règle à tous
ses sectateurs, et leur montre par son exemple que
son intention est que, sans avoir égard à la science ou
au sacerdoce, l'on choisisse pour supérieur le plus saint,
et le plus capable selon Dieu; il fondait sa famille, non
sur le sable mouvant de la sagesse du monde, non pas

______

(1) *Primum in unoquoque genere est regula cæterorum.*

même sur l'ordre de prêtrise, quoique que ce soit une dignité relevée, digne objet de l'envie des anges, il l'établissait sur la pauvreté, humilité, simplicité, sur l'esprit d'oraison et de dévotion; pour ce, afin de conduire les autres en ce genre de vie, il ne fut point nécessaire que l'instituteur et le supérieur des autres fût ni docte, ni prêtre; le plus simple des hommes, sans lettres ni doctrine, qui à peine savait les éléments de la langue latine, a mis sur pied cette société et congrégation séraphique pour contrepointer l'esprit d'orgueil, de richesses et de plaisir qui régnaient par la terre. Il fut donc le premier général de son Ordre étant encore frère laïque, et depuis étant initié aux ordres, il quitta la charge. Ce fut de vrai entre les mains d'un homme savant et qui avait le caractère sacerdotal, savoir frère Élie, mais il pensa tout gâter par sa prudence et sagesse charnelle, ennemie de celle de Dieu (1), et pour n'avoir eu l'embrassement et la charité du prophète dont il portait le nom, nous révoquons avec raison son salut en doute.

En voici un préjugé, qui formera pareillement une seconde preuve de la supériorité des frères lais. Le père saint François étant au lit de la mort, comme notre patriarche Jacob en la Genèse (2), qui donnant la dernière bénédiction à ses enfants, préfère Ephraïm à Manassé, mit sa main droite sur la tête du premier, la gauche sur le second, quoiqu'il fût le premier-né. Ainsi saint François, près de rendre l'âme, avait frère Élie, son successeur au généralat, à sa droite, et à sa gauche son premier et fidèle disciple, frère Bernard de

(1) *Prudentia carnis inimica est Deo.* Ad Rom. 5.
(2) Gen. 48.

Quintamanalle, il croisa les bras , mit le senestre sur frère Élie, fils de la gauche, et dont il n'approuvait pas le gouvernement, et pour montrer qu'il le voulait donner à frère Bernard qui n'était que frère lai, il le rendit le fils de sa droite (1), le bénit avec cette main de bénédiction (2) en ces termes : « Soyez béni de Votre-Seigneur Jésus-Christ, et de moi son pauvre serviteur, d'une bénédiction éternelle, allant, retournant, dormant et veillant, celui qui vous bénira soit béni, et qui vous maudira n'en demeure sans châtiment (Il poursuit et le fait supérieur). Vous serez le supérieur de tous vos frères, et iceux vous seront sujets : Celui que vous voudrez recevoir en cet Ordre (acte de supérieur) soit reçu, celui que vous voudrez chasser soit chassé. »

Si l'on recueille soigneusement les dernières paroles d'un père quand il meurt, voilà l'esprit du nôtre prêt à rendre l'âme ; il avait à l'un de ses côtés un docte supérieur, un prudent mondain, un général, un frère Élie, il lui donna sa gauche, main de malédiction ; il avait de l'autre part un pauvre frère lai ignorant, mais homme de bien, il le bénit avec sa droite, lui donne l'intendance de son Ordre, pour nous apprendre que son intention était que l'humilité gouvernât plutôt que la science et l'orgueil.

Cela s'est accompli, grâces à Dieu, et tant que cette religion a persévéré en sa parfaite observance, la coutume a été en usage qu'indistinctement les prêtres et les laïques ont été supérieurs ; les mémoires de l'Ordre nous en donnent assurance, et le plus an-

(1) *Filius dexteræ.*
(2) *Dextera manus benedictionum*, dit saint Bernard.

cien des livres que nous ayons, que j'ai cité déjà plusieurs fois, et qui s'appelle le Firmament des trois
ordres (1), livre compilé quelques années après la
mort du père séraphique, traitant du chapitre général où l'on voulut priver de voix les frères lais, et
dont j'ai parlé, il dit (2) que jusque-là (au sixième chapitre général), les laïques sans distinction avaient également les charges de l'Ordre aussi bien que les prêtres
et clercs. Si nous avançons en années, Miranda, dans le
Manuel des Prélats (3), dit nettement que cela se pratiquait au commencement de la religion et longtemps
après. Barthélemy de Pise, l'auteur des Conformités,
qui vivait l'an 1380, l'avance de son temps en son explication et déclaration de la Règle : et Antoine de Cor-
doue (4) dit que les prélats laïques faisaient comme ils
ont fait depuis toutes les charges et offices que font
maintenant les supérieurs réguliers prêtres, excepté
l'absolution sacramentelle; ils se réservaient les cas
dont les sujets ne pouvaient être absous sans leur
licence : ils imposaient des préceptes spirituels, commandant quelquefois par obédience, quelquefois sous
peine de censure et excommunication, ils instituaient
des confesseurs et prédicateurs, et tout cela d'autorité
apostolique (notez ce mot). Se peut-il parler plus clairement en faveur de la coutume que j'explique. Si le
lecteur n'est pas content de ce témoignage, en voici un
très authentique et du temps de saint Bonaventure,
peu après le décès de Grégoire IX. Il est tiré de la se-

(1) *Firmamentum trium ordinum.*
(2) *Usque tunc laïci officia ordinis ut clerici exercebant.*
(3) *Miranda in man. Præl.*, t. 2, 9, 3, art. 2. — *Per multum
tempus observatum fuit in ipsius ordinis initio.*
(4) *Corduba*, c. 7, 9, 4, *punct.* 3.

conde partie des Chroniques (1); il y est fait mention
d'un frère lai gardien, à cause d'une action particulière qui arriva dans son gouvernement, sans laquelle
ils l'eussent omis, cet usage étant pour lors très commun, dit le savant Wadingus (2). La chose mérite bien
d'être ici touchée. En la famille de ce saint frère, il y
avait un jeune religieux malade, nouvellement sorti du
monde et du péché, auquel dès aussitôt comme les
premiers remèdes doivent être ceux des sacrements, le
gardien ordonna un prêtre de son couvent pour les lui
administrer, mais voyant que le confesseur, sans avoir
égard à l'infirmité du patient qui ne lui permettait pas
de beaucoup parler, l'avait chargé pour pénitence de
prières vocales par-dessus ses forces, il distribua prudemment celles du Bréviaire aux prêtres et clercs de
sa famille, et prit pour soi et pour les autres frères lais
les *Pater Noster* enjoints, ce qui réussit si heureusement que le malade étant mort, il retourna par permission divine remercier son gardien l'assurant qu'il
était bienheureux par sa charité et prudence. Voilà dans
ce temps un prudent et charitable gardien frère lai. Si
les Annales des Frères Mineurs ne s'arrêtent pas à les
coter tous, c'est que leur dessein n'est pas de faire le
dénombrement des supérieurs de la religion, mais seulement de ceux qui ont excellé en sainteté de vie, et
d'ailleurs le nombre des frères lais supérieurs est
si grand que la déduction en serait inutile et ennuyeuse.
Suffit que, tant que la religion a été florissante, cet usage
a été en pratique parmi ses vrais observateurs, et qui
lira attentivement l'histoire de l'Ordre trouvera que la

(1) Chap. 31.
(2) T. 1. *ann.* 1239, page 380.

relâche ne s'y est glissée que par cette porte d'orgueil qui a voulu exclure les frères lais des élections contre le précepte de la règle et la coutume que je viens de montrer depuis son commencement. Avançons chemin et allons à la grande réforme de l'observance en la section suivante.

SECTION II.

Coutume depuis le commencement de la grande réforme de l'observance jusqu'à celle des capucins.

Le changement de coutume en l'Église ou en l'État a souvent été l'occasion de leur ruine, pour ce les pères et politiques en ont été religieux observateurs. Dans l'État des Romains, Tacite (1) nous apprend qu'un jour le Sénat ayant été requis par le peuple de changer ou mitiger cette dure et ancienne coutume, par laquelle quand un esclave avait tué son maître, tous les autres de la même maison étaient punis de pareille peine; après beaucoup de consultations de part et d'autres, il fut conclu qu'on laisserait la vieille coutume, quoique rigoureuse, en son entier. Si de l'État nous montons à l'Église et de la doctrine des politiques à celle des pères, nous trouverons que les anciennes coutumes, usages et traditions des Églises ont été réputés si saints qu'on

---

(1) Tacite. *Multisque super hoc habitis orationibus, demum à senatu illisata vetus consuetudo fuit, et prævaluit sententia quæ supplicium petebat.*

n'osait y toucher; les docteurs et les saints ont estimé qu'il était de telle conséquence de les garder et conserver telles qu'elles fussent, pourvu que non contraires à la foi et ennemies de la Religion, que par leurs écrits ils les ont voulu confirmer. Témoin saint Grégoire en l'une de ses Épîtres qui l'ordonna de la sorte (1). Après lui le pape Pie, premier du nom, en fit une décrétale qui est au premier volume des Conciles. Tout pareil est le sentiment d'un autre souverain pontife du nom d'Urbain, écrivant à Hincmar, archevêque de Reims (2). Tous ces savants ont reconnu que les mutations d'usages et les changements de coutumes sont aussi dangereuses au corps ecclésiastique et potilique, que l'aphorisme du médecin a reconnu être au corps humain quand il a dit qu'il est périlleux à la santé de changer ses vieilles habitudes (3), et qui se veut bien porter ne le doit pas faire témérairement. Si cela est vrai dans le corps humain, dans celui de l'État ou de l'Église, il se vérifie pareillement dans le corps régulier qui est l'assemblée des religieux. Les sociétés des gens consacrés aux autels et les plus saintes congrégations ont pris la pente de leur perte par le changement de leurs bonnes et anciennes coutumes. Cela se voit principalement en l'Ordre de Saint-François; le désordre n'est entré parmi ces séraphins que par l'abandon particulier de cette coutume fondée en droit de règle, que tous les frères tant prêtres que lais, auront droit

____

(1) Greg., ep. 75. — *Consuetudinem quæ contrà fidem nihil usurpare dignoscitur immotam permanere concedimus.*

(2) *Urban., ep. ad Hinc. Arch. Rem. Imperiosum et satis abominabile dedecus ut traditiones quas antiquitas à patribus accepimus infrangi patiamur.*

(3) L. 2. Aphor. ἐφ ἕτερον μεταβαίνειν μένοντος τοῦ δόξαντος εξαρχῆς.

actif et passif dans les élections; dès lors que la science a voulu exclure la simplicité, dès que l'orgueil a fermé la porte des charges à l'humilité, dès aussitôt la relâche s'est introduite en la religion, et comme les contraires ont des conséquences contraires chez les philosophes, la réforme de cet institut a commencé par le rétablissement de cette coutume en son entier. Dieu même, chose admirable, a ménagé par les ravissants ressorts de sa Providence que, quand la sagesse humaine avait tout gâté par son gouvernement, elle a été relevée de l'erreur et retirée de la confusion par l'humble simplicité. L'expérience l'a fait voir principalement en la grande réforme de l'observance.

Dieu qui choisit, comme dit saint Paul, les choses faibles pour confondre les fortes, lui qui en la réforme du monde ne prit pas les savants philosophes pour ses ministres, mais de pauvres pêcheurs pour ses apôtres, le même en la religion séraphique ne prit point pour ses agents un saint Bonaventure, un Scot, un Nicolas de Lira, et autres doctes personnages, mais des simples frères lais, ignorants de la science du monde, mais savants en celle du ciel; les trois premiers supérieurs et principaux réformateurs furent frère Gentil de Spolette, frère Paul de Trainci et frère Thomas de Florence (1), trois idiots selon le monde, mais fous de la sagesse de Dieu que le monde répute folie.

Le premier fut frère Gentil de Spolette auquel je ne trouve rien à redire, sinon à mon avis qu'il fut mal nommé; pourquoi nommer Gentil, c'est à dire païen, celui qui ne le fut pas? Je crois que c'est par une figure que les grammairiens appellent antiphrase, comme

(1) 3. part. des chron., l. 1, c. 41.

dans le latin nous qualifions une épaisse forêt d'un nom de lumière parce qu'elle est obscure (1). Ainsi ce bon frère eut le nom de Gentil, parce qu'il ne fut rien moins, mais très fidèle à Dieu et à sa règle. Pour l'observer à la lettre, les Chroniques (2) nous apprennent qu'il obtint du pape des convers craignant la société contagieuse des relâchés. Le souverain pontife, l'an 1334, lui donna pouvoir de recevoir en l'Ordre toute sorte de personnes, tant religieux que séculiers, qui touchés de Dieu se voudraient appliquer à son service. Cela dura quelque temps, et cette belle apparence promettait un grand progrès : mais comme souvent nous voyons au renouveau que les fleurs des arbres qui donnent espérance de fruits sont moissonnées par un reste de froid, jaloux de ces rares et frêles beautés, ainsi cette fleur de réforme qui commençait à être suivant l'Apôtre, bonne odeur (3) en Jésus-Christ, fut grêlée par un orage que suscita l'adresse du père général, qui craignait la séparation de ses convers et le déchet de son autorité ; il fit révoquer le Bref, confina frère Gentil dans une prison avec deux de ses compagnons et réduisit les autres sous son obéissance.

Mais Dieu qui ne veut et ne peut pas être vaincu par l'opiniâtreté des hommes, lui qui de la dureté des pierres peut susciter des enfants d'Abraham (4), suscita par après le bienheureux frère Paul de Trainci pour exécuter en ce point l'ordre de ses volontés auquel tous les efforts de la malice ne peuvent résister. Ce bienheureux frère qui était dans le siècle gentilhomme de

(1) *Lucus a lucendo quod ibi non luceat.*
(2) **3 part. Chron.**, l. 1, c. 1.
(3) *Christi bonus odor.* II Cor. 2.
(4) *Potens est de lapidibus suscitare filios Abrahæ.* Luc. 3.

8.

grande naissance, avait le cœur bien assis, un esprit généreux et hardi pour entreprendre. La grâce qui bâtit sur les principes de la nature, se servit de lui pour l'exécution de ce dessein qui avait commencé, il y avait cinquante ans, mais que la sagesse mondaine avait fait avorter. Ce fut ce frère lai qui non seulement avait le nom de saint Paul, mais encore le courage, lequel en l'an 1387 réforma les prêtres, les provinciaux et les grands prédicateurs, et non pas comme croient quelques-uns, saint Bernardin de Sienne qui n'était pas encore né et ne prit l'habit que l'an 1402. Trente quatre ans devant, frère Paul se retira dans le désert qui fut son noviciat et son école, où accompagné de quelques frères spirituels, il fit un fonds de vertu pour une si rigoureuse entreprise. La solitude est l'endroit de la terre le plus pur et le plus tranquille; l'innocence et la paix y ont fait de tout temps leur demeure, c'est là où les vertus ont pris les habits et les visages avec lesquels elles apparaissent à nous; si la nature ne fait que des rats et des mouches dans les villes, elle engendre dans les déserts des lions, des éléphants et des aigles. Ce fut là où le solitaire frère Paul fit ses exercices et devint un lion en courage, un éléphant en force et un aigle en sublimité de dessein pour remettre sur pied la vigueur de l'institut séraphique. Le pape Grégoire XI ayant connu la grandeur de son esprit dans l'humilité de sa condition de frère lai l'institua le premier supérieur et commissaire général de l'observance, lui en donna les bulles expresses pour la confirmation de sa charge qui se gardent encore au couvent de Saint-Damien proche d'Assise, où elles se voient datées à Villeneuve d'Avignon. Ces bulles dont le pape le favorisa furent accompagnées de grands pardons et d'indulgence plénière à ceux qui se mettraient de son parti ; la troupe en fut si nombreuse que non seulement les simples, mais les plus doctes de la religion le suivirent, témoins ces deux très célèbres prédicateurs frère Ange de Montléon et frère Jean de Stroncone. Il n'y eut pas jusqu'au ministre général le R. P. Thomas, qui depuis fut patriarche de grade, lequel comme Thomas et incrédule, n'en crut pas à la renommée ; il voulut avoir les yeux pour témoins, vint visiter notre frère Paul dans son désert entre Fulin et Camerin, province de saint François ; il trouva, que, si les pins, les cèders et les palmes sont les citoyens de la solitude, que ces saints religieux en avaient la sublimité. Entre tous considérant frère Paul, et voyant la tranquillité de son esprit éloigné de toute ambition, il jugea que Dieu l'avait choisi pour rétablir la religion en sa première ferveur, pour ce il lui témoigna désirer que comme le bien est communicatif de soi-même, que cette réforme s'étendît aux autres provinces, il l'établit dès lors commissaire sur plusieurs pauvres petits couvents, avec pleine autorité sur les frères pour les envoyer là où il lui plairait : ses lettres furent données à Pérouse le 9 juillet 1374.

En cette même année, dit Wadingus (1), il fut mandé en qualité de saint pour rembarrer une secte naissante de gens nommés Frérots (2) qui commencèrent à Pérouse, troublaient l'ordre et rendaient les Frères Mineurs odieux au peuple. Arrivé que fut notre frère Paul avec son compagnon, ces hérétiques voyant qu'on ne leur opposait que des frères lais et des hommes sans lettres en furent indignés ; d'abord ils s'en mo-

(1) T. 4, pages 194 et 195.
(2) *Fratricelli*.

quaient, comme Goliath du petit David : mais comme
ce prophète, le plus rare courage que le désert ait jamais envoyé dans le grand monde, s'il était aguerri
parmi les ours et les lions, qui servirent comme de
faquins et de quintaines à ses premières armes, il y
avait après à défaire les géants en défaisant les monstres; ainsi notre frère Paul avait étudié dans le désert
la manière dont il faut combattre les hérétiques en
combattant le démon qui est leur père; et si David avec
sa fronde et sa houlette terrassa le colosse de chair,
de même ce saint frère resta victorieux de ces errants
orgueilleux par son humilité; il ne répondit à leur mépris que ces termes de son patron saint Paul : Ce n'est
pas par les paroles persuasives de l'humaine sapience,
mais en vertu de Dieu, que je désire vous livrer combat (1); il les combattit si bien en effet avec ces armes
de lumière, la simplicité et l'anéantissement, qu'il les
convainquit et rendit muets. En reconnaissance de cette
victoire, on lui augmenta le nombre des couvents pour
les frères qui le voudraient suivre. Le provincial de
cette province de saint François, au lieu de le persécuter, le favorisa : le ministre général qui se nommait
Henri le confirma en sa charge l'an 1390 qui fut celui
de sa mort : devant que perdre la vie, longtemps il avait
fait la perte de ses yeux. Ce réformateur de l'Ordre,
aussi bien que son instituteur saint François, devint
aveugle à force de pleurer, mais en récompense Dieu
lui donna le don de prophétie, et les yeux de l'âme
plus clairvoyants. Avec ces illustres qualités, il gouverna saintement depuis l'an 1368 qu'il se retira au dé-

_____

(1) *Non in persuabilibus humanæ sapientiæ verbis, sed in os-
tensione spiritus et virtutis.* I. Cor. 2.

sert, commencement de la réforme, dit Wadingus (1), jusqu'en l'an 1390 qu'il rendit l'âme à son Créateur.

Il fut suivi dans son projet par un autre bienheureux frère lai, Thomas de Florence (2), provincial de la province Saint-Ange au royaume de Naples, grand amoureux de la pauvreté et de la solitude, deux nourrices des grands hommes tel que fut celui-ci demandé par plusieurs seigneurs de Calabre pour y établir l'observance, ce qu'il fit heureusement d'autorité apostolique; le même fut envoyé comme ambassadeur par le pape Eugène au prêtre Jean, empereur d'Éthiopie, avec trois compagnons; sa commission était de négocier touchant les affaires de la religion avec ce prince schismatique et le réduire sous l'obéissance de l'Église romaine. Pendant ce long voyage, le serviteur de Dieu montra bien que le soleil d'Afrique n'était pas si brûlant que son cœur du martyre; un de ceux qui l'avaient accompagné qui était prêtre, mourut en prison au bout de trois mois, par la violence des rudes traitements des Maures; le frère Thomas ne résista pas pourtant, tout frère lai qu'il était, de leur prêcher les mystères de l'Évangile et la solidité de la foi de Jésus-Christ qui lui donnait une science infuse et une sainte hardiesse de les aller chercher jusque dans leurs mosquées où souvent, dit l'histoire, il fut battu et fouetté jusqu'au sang, signant avec ces caractères de pourpre la vérité de sa créance. Enfin ce rare personnage, l'un des trois réformateurs de l'observance, mourut l'an 1447 et fit après sa mort tant de miracles que le bienheureux Jean Capistran, poursuivant la canonisation de saint Bernardin et voyant que

(1) T. 4, pages 118 et 119.
(2) III. part. chron., l. 1, Ch. 28, § 33.

les prodiges qui s'opéraient au tombeau de frère Thomas la retardaient en cour de Rome, il se transporta à
Riette où était cette miraculeuse sépulture et le pria
avec abondance de larmes que, comme il avait été
obéissant aux prélats pendant sa vie, il daignât leur être
favorable après sa mort, cessant à faire miracles jusqu'à
ce que saint Bernardin fût canonisé, ce à quoi, chose
étonnante, il obéit, l'obéissance a des oreilles jusqu'a-
près la mort (1), — les merveilles cessèrent jusqu'au
temps désiré, après quoi elles recommencèrent. Ce saint
frère, le thaumaturge des frères lais, a eu tout plein de
compagnons de sainteté et de supériorité, par conséquent avec droit de voix active et passive dans les élections. Un bienheureux François de Paule (2), un frère
Ange de Civitella et frère Ange de Bici (3), qui étaient
provinciaux alternativement en la province de Toscane.
Ces deux lumières de l'Ordre nullement initiés aux
ordres sacrés accrurent fort l'observance en cette province par leur sainte vie et prudent gouvernement. Je
n'aurais jamais fait de noter par le menu tous les frères lais de cette réforme qui ont gouverné les autres. Je ne dois point omettre pourtant celui que le
saint-siège a trouvé digne d'être mis au nombre des
saints; mon silence serait pécheur et ma plume criminelle si elle ne disait rien de ce saint qui, pour être
d'Espagne, ne doit point effaroucher les esprits de
France puisqu'il fut un des parfaits imitateurs de saint
François; j'entends cet humble et incomparable frère
lai de la religion des mineurs, saint Didace, né dans

---

(1) *Non est surda vel post mortem obedientia.* Hildebert, ep.
(2) L. 3. Chron., c. 4.
(3) L. 7, ch. 43.

l'Andalousie et diocèse de Séville environ l'an 1400.
Sa naissance de vrai fut pauvre aussi bien que celle de
Jésus-Christ; il cultiva l'humilité de son origine par
élection et par étude; il choisit sa profession et retraite
du monde l'ordre le plus humble, et entre ses professeurs fut le plus humble, à quoi lui aida beaucoup la
qualité de frère lai, puisque selon l'abbé Guerricus,
la bassesse de la condition est le véhicule de l'humilité (1). En cet état de bassesse volontaire, il fut l'objet
de l'admiration des savants qui s'étonnaient de l'entendre parler des choses de Dieu avec des pensées si
hautes et des termes si relevés. Les docteurs allaient
le consulter comme l'oracle des plus épineuses difficultés de théologie. Parmi ces glorieuses déférences
de la doctrine abaissées à ses pieds, il s'abaissait lui-
même, et comme son maître s'anéantissait (2) ren-
voyant le tout à sa source. Plus il s'humiliait, la main
de Dieu qui exalte les humbles le relevait au comble
d'honneur. On l'envoie comme gardien au couvent des
Canaries, îles certes en cette rencontre bien fortunées
de posséder un si riche trésor à qui la terre ferme,
voire le ciel, portait une innocente envie : il gouverna
sa famille religieuse avec tant de maturité, que l'on
disait communément qu'il avait (selon l'Évangile) la
simplicité de la colombe jointe à la prudence du ser-
pent. Avec ces avantages apostoliques, il convertit par
son exemple et par ses paroles grand nombre d'infidè-
les à la foi de Jésus-Christ qui se contentant du martyre
de sa volonté, l'obligea au retour d'Espagne où il
mourut plein d'années et plus encore de mérites,
l'an 1463.

(1) *Vilitas status est vehiculum humilitatis.* Guerr. serm.!
(2) *Exinanivit seipsum. — Ad Philip.*

Les prodiges furent si nombreux après sa mort jusqu'au temps de Philippe II, qu'ayant rendu par l'attouchement de son corps la santé désespérée à Charles, fils de ce prince, il a ménagé sa canonisation par sentiment de gratitude du pape Sixte V, qui cote dans la bulle cent et trente miracles de compte fait. Toutes ces merveilles sont éloquentes et il me semble que leur langue diserte parle en faveur de l'humilité des frères lais que je défends en cet écrit; elles disent hautement que ces saints et ces réformateurs de la religion ayant eu voix active et passive dans les élections, on n'en peut priver sans injustice ceux qui veulent les imiter et suivre leurs vestiges, tels se publient tous les frères lais capucins dont la réforme a commencé, et continué par cette pratique, selon que je vais déduire en la section suivante, qui pour nous concerner plus particulièrement, sera traitée aussi plus amplement et aura trois paragraphes.

SECTION III.

PARAGRAPHE Ier.

Que l'esprit de cette étroite réforme a été, non la science, mais l'humilité.

Le savant Trimegiste (1) disait autrefois que la semence du ciel c'était l'immortalité et celle de la terre

(1) Serm. 4.

l'inconstance. Tout est plein ici-bas de cette graine, partout elle produit ses effets, mais primée poliment en l'homme, il en a plus en son cœur qu'en tout le reste du monde, ce qui a obligé Aristote de l'appeler la vraie image de l'instabilité (1); les fables mêmes ont été ingénieuses pour nous l'apprendre, elles ont feint que l'inconstance bannie pour jamais du ciel s'en vint en terre, comme au vrai lieu de son domaine, et lui prit fantaisie de se faire peindre; on lui dit qu'il n'y avait pinceau si hardi qui osât entreprendre cet ouvrage, néanmoins qu'elle se pourrait adresser au temps, car c'était un grand ouvrier qui se mêlait de tout. Le temps, après avoir bien envisagé cette inconstance, se résolut de la tracer, et ne trouvant pour lors aucune table d'attente mieux préparée à son gré, la peignit sur l'homme. Docte fable certes, et riche invention, qui nous marque la vérité du saint homme Job en l'Écriture (2), que l'homme ne peut demeurer longtemps en même état lors notamment qu'il est relevé et sublime, la suite du temps et le propre poids de l'infirmité le fait tendre en bas : nous voyons ce malheur dans la pratique des vertus auxquelles, pour s'adonner, il faut faire violence à la nature. Comme les choses violentes ne sont pas de durée (3), l'entreprise des grandes actions qui commence par le feu et finit par la glace, le temps mine toutes choses, et joint à l'inconstance de notre humeur, il ruine les projets les plus généreux.

Cette vérité n'est que trop éclatante dans les diverses réformes de l'Ordre de Saint-François; les deux ennemis de la perfection de cet institut séraphique ont été le

(1) Ηεταπιϸοις ὲυκlον. — Arist. Ethic.
(2) *Nunquam in eodem statu permanet.* — Job.
(3) *Violentum non est durabile.*

temps et l'instabilité des esprits : décadence du premier a conduit insensiblement à celle de l'Ordre, et comme il n'est pas aisé de demeurer longtemps en un état violent à nos inclinations, il a été facile au malin esprit d'introduire la relâche parmi les sectateurs de notre règle parce qu'elle est fort sévère, et que par la pauvreté et l'humilité elle déclare guerre ouverte aux richesses et à l'orgueil qui flattent si puissamment nos sens. Tout cela mêlé à l'inconstance naturelle des hommes a été la cause de tant de relâches et de réformes en cette religion. La dernière de ces réformes qui compte plus de six vingt ans en durée et par conséquent la plus longue de toutes celles qui l'ont précédée, est la Congrégation des Capucins, vrais enfants de Saint-François, lesquels Dieu a suscités au monde pour la parfaite observance de la règle, suivant la promesse qu'il a faite à son instituteur , que jamais il n'y aurait manque de vrais et entiers observateurs de son institut. Ce sont ici sans flatterie les véritables Frères Mineurs qui portent seuls le vrai habit, et suivent la vie embrasée de leur père.

Or quoique cette congrégation reconnaisse pour principal réformateur le bienheureux père Mathieu de Basci, prêtre de l'observance, si est-ce pourtant qu'un frère lai l'a précédé, et qu'il n'a marché que sur les pas d'un frère Pierre Melgari dont parlent les chroniques. L'histoire porte que plusieurs pères et frères en la province de Portugal se retirèrent par inspiration divine l'an 1500 pour garder la règle à la lettre, en pauvreté, humilité, simplicité et austérité; ils élurent pour custode et prélat ce frère Pierre Belgari, frère lai (1),

(1) III. part. Chron., l. 9, page 659.

qui était noble de naissance, quoiqu'il y eût entre eux des hommes savants comme frère Ange de l'Aquile, frère Ange de Valadolid et frère Jean de Guadalupe, grands prédicateurs; ils obtinrent un Bref du pape pour vivre sous l'obéissance des conventuels et reprendre la forme de l'habit qu'avait porté saint François, habit gros, étroit, rapiécé et court, avec le capuche aigu et cousu. Voilà la première semence des capucins comme trois frères lais ont été les premiers réformateurs de l'observance comme j'ai dit; celui-ci a donné la première ouverture de notre congrégation et a été supérieur, par conséquent avec voix active et passive. Environ vingt ans après en Italie parurent avec le même dessein le bienheureux père Mathieu de Basci et ses compagnons, et comme l'Italie est le théâtre de l'Église où cette réforme a principalement éclaté, on l'attribue à ce saint prêtre dont je ne veux pas ternir la gloire. Remarquez pourtant que ce dévot personnage n'était pas un savant docteur, homme fort peu lettré aussi bien que ses premiers compagnons; ils crurent que les fondements de la seule science acquise étaient si faibles qu'ils résolurent de la ruiner du tout et bâtirent comme leurs prédécesseurs sur l'indigence, humiliation et esprit de sainte oraison. Pour preuve, le savant Boverius, en ses Annales capucines, m'apprend qu'au premier chapitre général tenu l'an 1529, ils firent un article exprès dans leurs constitutions qui porte absolue défense d'établir l'étude des lettres, mais permet de lire seulement la Sainte Écriture et quelques dévots docteurs qui fassent leçons de l'amour de Dieu et de la croix de Jésus-Christ : ce sont les propres termes; il est vrai que cet article a été modéré depuis, mais il nous montre pourtant que la science n'est pas l'esprit de la réforme, oui bien l'humble simplicité. Ils ordonnèrent encore dans les mêmes constitutions qu'il ne se dirait au couvent qu'une messe par jour selon l'ancienne coutume de l'Ordre, l'esprit et l'admonition de notre père séraphique, obligeant les supérieurs à ne pas contraindre les prêtres à faire le contraire, si ce n'était dans les jours solennels et au temps de nécessité. Le premier donc qui commença la réforme (pour ne pas disputer de frère Pierre Melgari) fut le bienheureux père Mathieu de Basci, prêtre, savant en la science des saints, mais peu avancé en celle du siècle ; le second fut frère Louis de Fossembrune, simple prêtre pareillement qui ne faisait aucune profession des lettres ; le troisième fut un frère lai nommé Raphaël : ces trois ensemble ne respiraient qu'après la première simplicité et ferveur de saint François. J'avoue que quelques savants hommes vinrent en cette congrégation, se retirant de l'observance qui était mal nommée puisque la règle ne s'y observait plus et que la relâche était publique, mais ces sages docteurs étant informés de la doctrine de saint Paul, que le monde n'a pas connu Dieu par la sagesse et qu'il lui a plu de sauver les fidèles par la folie de la prédication (1), ils prirent le dernier moyen et non le premier. Le révérend père François Titelman nous servira d'exemple pour tous ; il est vrai que c'était un des plus habiles hommes de son siècle, qui avait éclairé l'Église par ses veilles et par la production de ses livres ; mais notez, après Boverius, qu'entré en cette réforme, il laissa incontinent toute la pensée de l'étude des lettres, et s'occupa chari-

(1) *Placuit per stultitiam prædicationis salvos facere credentes. I. Ad. Cor.* 1.

tablement au service des malades. Un jour, pendant cet humble exercice qu'il pratiquait à Rome, il fut visité de quelques siens disciples qui lui demandèrent comment étant si savant il cachait la lumière sous le boisseau (1) contre le précepte de l'Évangile, qu'il ferait mieux d'enseigner la théologie en cette ville maîtresse de la terre, ou de composer quelque beau volume pour l'éclaircissement des mystères de la foi, comme il avait fait autrefois à Louvain, que de s'amuser à servir des pauvres infirmes, qu'il se trouverait prou de gens capables de ces humbles offices, mais peu de sa trempe pour les premiers. A cette objection de la prudence mondaine, l'homme de Dieu répondit en ferveur d'esprit par les mains et par la bouche tout ensemble. Montrant ces pauvres l'un après l'autre, il joignit le discours de sa bouche à celui de son doigt et dit : Celui-ci est mon Origène, cet autre mon saint Jérôme, celui-là mon saint Augustin, celui-ci mon saint Chrysotome ; digne réponse du plus docte personnage qui de l'obervance vint en la réforme des capucins pour nous apprendre qu'elle n'a pas été fondée sur la science séculière, mais sur l'humilité séraphique. A ce premier exemple, j'en joins un second du bienheureux père Jean de Fan : Ce grand homme au commencement s'opposa de toutes ses forces à notre congrégation naissante, mais y étant entré lui-même par inspiration du ciel, il a fait une confession publique de sa faute, et dit entre autres choses, que la ruine de l'Ordre et ses diverses relâches ne sont venues que parce que les frères avaient quitté la voie de simplicité et pris le chemin de la science, curiosité et éloquence. Il ne faut pas néanmoins que cela

______

(1) *Lucerna sub modis, sed super candelabrum.* — Luc. 11.

diminue le mérite dû à la doctrine lorsqu'elle est conduite de l'esprit de Dieu. Si l'Église ne tient son origine de la science, au moins elle en reconnaît sa consécration. Nous avons maintenant et avons eu grand nombre de savants en notre réforme et pourtant ce n'a pas été la science qui l'a commencée, mais l'humilité, celle des frères lais y a contribué beaucoup et, pour montrer la coutume et l'observance de nos constitutions depuis six vingts ans jusqu'à maintenant, quant à ce qui touche le droit de voix active et passive qu'ils ont dans les élections, voici au paragraphe suivant le nom et les éloges des principaux frères lais qui ont gouverné avec sainteté et prudence.

PARAGRAPHE II.

Coutume des frères lais supérieurs majeurs en la réforme des capucins.

Saint Ambroise a eu raison d'appeler l'humilité la mère de la sainteté (1); en effet les plus grands saints dont nous célébrons la mémoire, ont été les plus humbles d'entre les hommes; cela se voit en l'ordre de l'humilité, qui est celui des Frères Mineurs, où sans faire tort aux prêtres et très renommés prédicateurs, les humbles frères lais sont ceux dont la vie a été plus composée de miracles, et la mort suivie de plus grand nombre de prodiges. Dès le commencement de la religion, les merveilles de frère Pierre de Catanio obscurcissent presque celles du père séraphique. Dans

(1) *Humilitas mater sanctitatis. — Ambr. in hoc.*

l'observance, lorsqu'il fut question de canoniser saint Bernardin, ceux qui, jaloux de sa gloire, la voulaient empêcher en cour de Rome, disaient au pape que s'il eût fallu mettre au catalogue des saints les seuls Frères Mineurs qui faisaient miracles, le saint-siège ne serait occupé à d'autres affaires. Parole qui se peut avancer encore avec non moins de raison et de vérité des seuls frères lais de la congrégation des capucins. Oui si la cour de Rome voulait entendre la langue des miracles qu'opèrent par tout le monde ces humbles et saints frères de notre réforme, elle serait prou occupée à cette seule affaire. Ce n'est pas une exagération de discours, mais une proposition qui se peut si facilement vérifier par la simple lecture des deux tomes des Annales capucines du docte Boverius; il y a sans hyperbole plus de deux cents frères lais saints; lisez les vies d'un frère Gervais d'Herminie, François de Chio (grec), Léon de Catane, Joseph de Corleon, Jacques de Regge, Valerian de Viterbe, Albert de Naples, Antoine de Police, Jean-Baptiste de Fauentin, Bernard de Milan, Massé de Trente, Victor de Bergame, Bonaventure de Raticine, Augustin de Sienne, Illuminé de Murcie, Joachim de Levanto, François de Macerata, Philippe de Vieux-Mont, et celles de deux cents autres, vous trouverez autant de saints qui ont éclairé la Religion et l'Église; surtout arrêtez-vous aux actions signalées de ces trois incomparables frères lais capucins : Rainion du Bourg-Saint-Sépulcre, Séraphin de Monte Granario, et le bienheureux Félix de Cantalice, vous rencontrerez presque autant de miracles qu'ils ont fait de pas. J'appelle la béatification de ce dernier, le triomphe de l'humilité sur la science. Quoique notre congrégation ait eu grand nombre de généraux, provinciaux, prédicateurs et prêtres illustres en sainteté et miraculeux pendant leur vie et après leur mort, Dieu leur a préféré cet humble frère lai et, lui ayant donné le présage de sa béatitude dans son nom de Félix, il a ménagé par son adorable conduite qu'il reçut, étant béatifié le premier, tous les hommages des peuples. Ce saint frère et tous ses compagnons de vertu dont il n'est pas ici entrepris la chronologie, ont joui depuis le commencement de notre réforme du droit de voix active et passive dans les élections canoniques également avec les prêtres ; dans cette coutume d'égalité, ils sont devenus saints. Pourquoi la vouloir abolir maintenant contre droit et justice ? C'est choquer leur sainteté, renoncer à leurs miracles et altérer la face de notre congrégation.

Pour fortifier encore plus cet usage, je donne autant de preuves qu'il y a eu depuis six vingts ans de frères lais supérieurs parmi nous, il s'en trouve de visiteurs et définiteurs provinciaux, de gardiens, pères maîtres des novices et discrets ; ce sont toutes les charges de l'Ordre. Voici la liste des principaux avec éloge ; je ne les cote pas tous, mais seulement ceux qui ont marié la sainteté avec la supériorité ; je suis l'ordre des charges et commence par les premiers, pour descendre aux moindres.

Le premier que je fais marcher en tête de ce bataillon, puisque l'humilité est celle qui chez saint Bernard mène l'armée des vertus (1), c'est frère Justin a Paniagaleo, visiteur et commissaire provincial de la province d'Ombrie ; il fut premièrement religieux de l'observance, laquelle voyant déchoir parmi ses frères

____

(1) *Humilitas ducit virtutum exercitum. — Bern. in cant.*

et pour lors les capucins paraissant au monde, il se
rangea parmi eux avec Bernardin d'Ast, Jean de Fare,
Eusèbe d'Antioche et autres grands personnages des
observantins ; il avait assez d'âge lorsqu'il embrassa cet
institut, ses jeûnes furent continuels, ses oraisons
ferventes, et quoique le soleil le vît toujours travaillant
pendant le jour, il employait la plus grande partie de
la nuit à la prière, ne bougeait jamais de l'église après
matines, assiduité que Dieu récompensa par nombre
d'importantes révélations. Le Saint-Esprit, qui est esprit
de conseil et de prudence, comme dit l'Écriture, en
remplit cet homme, quoique ignorant des sciences de
la terre, si abondamment que chacun avait recours à
lui comme à un oracle ; fait plusieurs fois gardien de ses
frères à Bettone, Narni et autres endroits, cela ne
l'empêchait pas de prendre lui-même soin des malades
qu'il guérissait contre l'opinion des médecins, plus par
ses prières que par ses remèdes. Je ne puis omettre un
accident qui lui arriva étant supérieur du couvent de
Narni ; l'histoire fait à mon sujet et montre en l'Ordre
un frère lai gardien et un prêtre portier du monastère. Ce dernier s'appelait père Dominique ; un jour vint
un pauvre à sa porte demander l'aumône, ce qui est
assez familier à nos maisons ; on lui donne un morceau
de pain pour sa nécessité ; non content il prie d'être
logé pour cette nuit ; le portier s'excuse sur la petitesse
du lieu, en effet ce n'était encore qu'un hospice où
l'on bâtissait ; nonobstant cette raison apparente, le
mendiant répliqua : Je sais que vous êtes pauvres et
votre lieu petit, mais je n'ignore point ce que vous
pouvez ; ayant dit ces mots, il tourne le dos et dis-
paraît. C'était Notre-Seigneur qui s'était revêtu de cette
figure mendiante, comme à saint Grégoire, à mon saint

9.

Paulin de Nole et à mon père saint François. Il s'apparut incontinent à frère Justin, le gardien du couvent, qui pour lors vaquait à la prière; il lui fit ce reproche amoureux : « J'ai de vrai reçu de vous cet aliment, mais vous m'avez dénié le couvert; pour ce refusé, je me retire »; finissant ces paroles, il laissa le pain sur l'autel, comme ne voulant pas une œuvre de miséricorde imparfaite, et puis ce Soleil de Justice, couvert de pauvreté, s'éclipsa de ses yeux, reproche et retraite qui les noya de larmes, lesquelles il continua plusieurs jours pour expier cette faute du portier de son couvert qui en ce refus avait allégué sa volonté; nuit et jour priant Dieu il lui semblait entendre continuellement ces paroles plaintives et un peu dédaigneuses de son Sauveur; refusé de vous, je me retire (1); si la langue du Messie est nommée chez le prophète une sagette qui blesse (2), elle était telle en cette rencontre perçant à jour le cœur de Justin qui n'eut jamais de bien qu'il n'eût moyenné par la réparation de ses pleurs l'oubliance de ce petit refus; ce qui apprend à nos portiers, fussent-ils prêtres, de ne pas si aisément éconduire les pauvres, puisque Jésus, qui a pris la forme de serviteur (3) en l'Incarnation, a affecté souvent celle de pauvre en ses autres apparitions. Enfin notre frère Justin, après avoir vécu longtemps en l'Ordre supérieur aux autres et en charge et en mérite, sa mort lui fut révélée; le même portier que dessus, père Dominique, prêtre, homme de bien, vit une troupe d'environ cent capucins qui sortant du chœur, montant au dortoir,

---

(1) *En abjectus recedo.*
(2) *Sagitta vulnerans lingua ejus.* — *Jerem.* 9.
(3) *Formam servi accipiens.* — *Ad Philipp.* 4.

entrèrent en la chambre du gardien où ils lui portèrent nouvelle que la déposition de son tabernacle était voisine; il rendit l'âme dans les bras de la Croix, prononçant les doux noms de Jésus et Marie et disant *in manus*. Ce bienheureux s'envola en la compagnie des autres, l'an 1547. Il fut, vous ai-je dit, visiteur et commissaire de sa province quoique frère lai.

Voici des définiteurs.

Frère Matthieu d'Avignon sortit aussi bien que le précédent de la famille des observantins pour entrer en celle des capucins; il se transporta pour cet effet en Italie et en la ville de Gênes dont par après dans la suite des années il fut gardien; souvent définiteur de la province, supérieur à Turin, Casal, principales villes de la contrée et en tout plein d'autres endroits, cet homme fut un grand mépriseur de soi-même, passionné d'austérités pour conserver le vase de son corps en honneur, sanctification et pureté; un jour entre autres faisant la quête de la campagne du couvent de Montcalier en Piémont et logé avec son compagnon en un château de cette province dont le Seigneur aimait les frères, l'une des filles de ce gentilhomme, plus belle que chaste, sollicitée du malin esprit, vint toute nue trouver la nuit frère Matthieu, prenant l'occasion des ténèbres et de la solitude pour l'induire à pécher avec elle; ayant dépouillé la honte aussi bien que ses habits, elle se jette impudemment au col du saint homme qui d'abord secoue cette belle importune, lui fait une verte réprimande et tâche de lui montrer la saleté de son dessein. Comme l'impudence et l'impureté sont sœurs du même lait, elle tourne ses corrections en risées et continue ses dangereuses caresses; il change de ton, de douces paroles il vient aux menaces, des menaces qu'elle méprisait il vient aux effets. Il prend ses armes en mains, je veux dire sa discipline, et pour ce beau démon, il se sert d'un nouvel exorcisme, il frappe de si bonne sorte celle qui le tentait qu'elle sortit de la chambre plus vite et plus sage qu'elle n'y était entrée : triomphe de la chasteté qui m'oblige de comparer ce Matthieu victorieux de la chair au patriarche Joseph, l'un et l'autre ont méprisé les sollicitations impudiques du profond amour, quoique la nuit, le lit et le lieu retiré favorisassent les desseins de leurs ennemis; ils sont sortis tous deux de ce combat périlleux, parce qu'il est doux, la palme à la main; il n'y a qu'une différence qui semble donner de l'avantage au frère Matthieu par-dessus Joseph; ce patriarche quitta le champ de bataille, préféra une fuite honorable à son déshonneur et aima mieux perdre sa robe que sa pureté; là où notre bienheureux frère resta sans sortir de la chambre, combattant si bien avec les armes de l'austérité qu'il mit en fuite celle qui le poursuivait. Action signalée accompagnée de tout plein d'autres aussi héroïques que vous pouvez voir en sa vie, laquelle il finit en la province de Corse, où il passa de celle de Gênes pour être supérieur par ordre du père général. Ce fut en cette île de Cors où il mourut avec grande estime de sainteté, l'an 1564.

Un autre définiteur frère lai a été frère Antoine de Cincinniato, de la province de Toscane, homme grand amoureux de la solitude et de la prière dont elle est la nourrice (1). Interrogé combien durerait la congrégation des capucins : tant, répondit-il, qu'ils aimeront l'exercice de l'oraison, mais lorsqu'ils en négligeront la pratique pour s'adonner aux courses et

____

(1) *Solitudo nutrix orationis.* — Greg. mor.

visites des séculiers, ils seront proches de leur ruine ;
le siècle leur communiquera sa contagion, et hantant
par trop les pécheurs, il y a légitime sujet de craindre
de leur devenir semblable ; crainte qui lui faisait aimer
la retraite quoique le diable en prît souvent occasion de
le travailler. Tantôt il lui ôtait par violence des mains
la couronne de la sainte Vierge, laquelle il disait souvent ; une autre fois il le jetait par terre ; le saint se mo-
quait de ses attaques et les surmontait en les mépri-
sant. Dieu de l'autre côté récompensait son courage
par le don de prophète ; il permit néanmoins une rude
épreuve à sa vertu ; elle fut accusée quoique innocente ;
on soupçonne frère Antoine d'un crime énorme dont la
seule odeur était aussi éloignée de son âme que la vérité du fait ; il supporte généreusement quelque temps
cette tache à sa renommée sans mot dire, mais voyant
que son silence donnait sujet de scandale à ses frères,
il crut sa justification nécessaire : Un jour au chauffoir,
étant près du feu pendant le froid, il entend gronder
de son péché prétendu ; pour réchauffer la charité re-
froidie (1) des présents qui murmuraient, inspiré de
Dieu, il remplit ses deux mains de charbons ardents et
puis il dit : Mes frères, je vois bien que je vous suis (2)
une pierre d'achopement, mais si la faute dont vous me
croyez atteint est véritable, il est juste que ce feu soit le
vengeur de mon infidélité ; si au contraire le bruit que
j'entends est faux, le protecteur des innocents permet-
tra que ce superbe élément respectera ma main au lieu
de la brûler. Chose étonnante ! il tint ces charbons brû-
lants l'espace d'un quart d'heure comme si c'eussent

(1) *Refrigescet charitas.* — Math. 24.
(2) *Lapis offensionis.* — Rom. 9.

été des roses, et par ce moyen miraculeux guérit ses frères de leur trop grande crédulité. Cela le fit réputer un grand saint tel qu'il était ; il vécut fort longtemps avec cette opinion publique tant des séculiers que des religieux ; enfin après avoir été plus de dix ans maître des novices, gardien plusieurs fois, souvent définiteur de sa province de Toscane, ayant reçu de Dieu la nouvelle de sa mort et l'assurance de son salut, il lui rendit l'âme au couvent de Sienne, l'an 1580.

Si vous voulez encore des exemples plus récents de cette coutume des frères lais supérieurs majeurs ; frère André d'Abiagra, décédé depuis seulement vingt ans, fut plusieurs fois gardien et premier définiteur en la province de Milan ; il a donné l'habit à quantité de novices, particulièrement au révérend père Archange Boigneux, qui vit encore maintenant premier définiteur en notre Provence. Sans sortir de cette province française, elle a eu pour second définiteur et gardien environ ce temps un autre frère lai (dont le nom n'a pu venir jusqu'à nous) en son principal couvent, savoir celui d'Aix, ville qui est le siège du parlement. La province d'Aquitaine a eu pareillement, il n'y a pas longtemps, pour définiteur un frère Illuminato retourné en Italie où je crois qu'il vit encore, s'il n'est décédé depuis peu.

Puisque les frères lais ont été souvent dans notre réforme commissaires et définiteurs provinciaux, même en France, qui oserait disputer maintenant de leur droit fondé en coutume ? Après les supérieurs majeurs, descendons aux moindres qui sont les gardiens au paragraphe suivant.

PARAGRAPHE III.

*Coutume des frères lais gardiens et discrets parmi
les capucins.*

Ce que les anges tutélaires sont à tous les particuliers
d'entre les hommes, les supérieurs des lieux et couvents
dans l'Ordre des Frères Mineurs le doivent être à leurs
inférieurs; c'est en cette vue que, depuis la naissance
de cette religion, quoique ce nom ne soit point dans la
règle, ils sont appelés communément d'un titre de sollicitude qui est celui de gardiens, qualité qui est comme
le manifeste et le visible caractère de leur devoir. Ce
nom leur doit faire ressouvenir qu'ils sont les anges
gardiens des frères et, comme ces esprits destinés de
Dieu pour être nos custodes veillent nuit et jour à notre
service et défense, ainsi les custodes et gardiens d'entre les capucins se doivent persuader que la princi-
pale charge de leur office est, non tant de commander
que de servir selon Dieu et raison ceux qui leur sont
sujets. Tels ont été, depuis le commencement de notre
congrégation, tout plein de frères lais. Je ne cote
que les saints et laisse le grand nombre de ceux qui,
quoique exemplaires, n'ont pas pourtant de lieu dans
nos Annales; suivons l'ordre des temps.

Je commence par l'austère frère Bernard d'Offide, ce
grand dévot de Notre-Dame à qui souvent elle apparut
et l'assura de l'entière rémission de ses péchés, il fut
un de ces cinq premiers frères qui, au commencement
de notre réforme avec bulle et permission de Clément
VII, passèrent des observantins relâchés à la con-

grégation des capucins; l'amour de la pauvreté, l'esprit de l'humilité furent si ardents en ce saint personnage que le général Eusèbe d'Ancône, visitant les provinces, dit qu'il avait bien trouvé des saints, mais qu'il doutait qu'il y eût un plus pauvre et plus humble que frère Bernard; il joignit à ces deux vertus une austerité incomparable, jeûnant tous les carêmes de saint François, c'est-à-dire presque toute l'année au pain et à l'eau, marchant nu-pieds et sans sandales, aussi bien pendant les rigueurs de l'hiver que durant les chaleurs de l'été. Jugez si l'exemple de cet homme étant le gardien des autres (ce qu'il fut souvent) n'était pas un puissant aiguillon de vertu à ses inférieurs; son couvent était, comme saint Grégoire de Nysse appelait la demeure de Gorgonia, la maison de Dieu et la famille des saints; le saint frère Bernard surtout ravissait les personnes séculières par sa modestie et gagnait leur cœur par sa charité, qui fut telle pour le soulagement de leurs misères que c'était la source ordinaire de ses larmes et le plus familier sujet de ses prières; il avait une particulière compassion des dangers et des afflictions où étaient plongés les gens du siècle; il exhortait les frères de s'en ressouvenir en leurs oraisons et payer par ce moyen la nourriture qu'ils en recevaient; lui un jour touché si sensiblement de pitié de la perte qu'avait faite une femme de son fils unique que, la voyant pleurer et s'attrister démesurément comme une autre veuve de Naïm, il s'approche de cette désolée, pleure de compagnie pour la consoler, et l'ayant quittée sur le soir, il employa toute la nuit à recommander à Dieu cette affaire. Le matin venu, il se fait apporter l'enfant mort, s'enferme avec le corps dans la chambre d'où quelque temps après le voilà sorti portant en ses bras ce petit garçon vivant et

riant à sa mère, qui le reçoit avec une joie incomparable. Miracle accompagné de tout plein d'autres que je
laisse, parce que mon dessein n'est pas de tracer l'histoire de ces bienheureux qui est déjà faite, mais bien de
marquer les supérieurs frères lais de notre congrégation tels que celui-ci, dont la belle âme s'envola dans
le ciel au couvent de Cambrai, l'an 1558.

Il a été suivi dans la province de Milan par un frère
Étienne de la même ville, homme d'oraison de qui
nous avons dans nos Annales cet exemple nourrissant et
efficace. Il est rapporté de ce saint frère laïque qu'étant
gardien du couvent de Viglebano, distant de la ville
environ de mille pas, la neige fut si haute pendant
l'hiver que les frères n'osaient et ne pouvaient sortir
pour aller à la quête de leurs nécessités ; la crainte d'être
ensevelis dans ces draps blancs contre la coutume de
l'Ordre les tenait prisonniers et affamés dans leur monastère. Frère Étienne, à qui comme supérieur appartenait
le soin de nourrir les autres, pour y pourvoir se retire
à l'église et a recours à Dieu qui est le nourricier d'É-
phraïm (1) et du monde ; pendant son oraison, contre
toute apparence que personne pût venir en ce lieu écarté
et assiégé de montagnes de neige, on entend sonner à la
porte ; étant ouverte sans voir qui que ce soit ni remarquer aucuns vestiges humains dans la blancheur de cet
innocent météore, on trouve un grand sac plein de bons
pains jusqu'à l'embouchure, dont les religieux, avec
action de grâces, soulagèrent leur faim ; la provision ne
diminua jamais que quant et la neige ; quoique l'on en
prît, le sac fut presque toujours plein jusqu'à ce que le
siège fût levé, les neiges écoulées et le chemin libre

____

(1) *Ego nutritius Ephraïm.* — Osée, 11.

pour aller en la cité voisine. Nourriture miraculeuse qui fut un effet de la prière de frère Étienne; si saint Augustin dit de celle de saint Étienne, le premier des martyrs, qu'elle a nourri la foi et l'Église (1), celle-ci a donné l'aliment à ses frères et fait pleuvoir du ciel une manne dans un désert tout couvert de neige, neige qui ne fut pas si blanche que l'âme de ce bienheureux milanais, lequel mourut en la ville de sa naissance, après avoir prédit le jour de son trépas, l'an 1562.

En l'an 1569 décéda frère François de Mathiole dont la prudence et bonne conduite fut telle pendant sa vie que souvent il fut gardien des couvents de sa province; l'histoire nous apprend de ce saint frère un acte miraculeux d'obéissance qui convertit l'eau en vin, dont le couvent de Latertia où il était avait grand besoin; le supérieur lui dit en souriant, lorsqu'il prit un jour la bénédiction pour aller à la quête : frère François, prenez garde de ne rapporter vos bouteilles vides; pour obéir à cette parole, il fit tout ce qu'il put vers les citoyens afin d'obtenir quelque peu de vin de leur charité; mais comme il était fort rare et extrêmement cher dans le pays, il perdit sa peine et ses pas; revenant au couvent et se ressouvenant de l'ordre qui lui avait été donné à la sortie de ne pas retourner ses bouteilles vides, tout simplement il les va remplir à peu de frais à une fontaine voisine; entré qu'il fut en la maison et disant selon la bonne coutume *Benedicite* au supérieur, celui-ci lui demande si ses bouteilles sont chargées, le saint homme répond affirmativement que oui; quelque temps après le gardien, qui se persuadait que ce n'était que

____

(1) *Sermo de Sancto Stefano : Oratio Stefani fidem nutrivit et Ecclesiam.*

quelque vin éventé que l'on avait donné au lieu de le
jeter ou mettre au vinaigre, il en veut faire l'épreuve,
mais trouvant que la boisson était délicate, et s'enqué-
rant de frère François d'où il avait eu un vin si excel-
lent? De la fontaine qui est dans le chemin, répondit-il,
c'est l'hôtellerie des pauvres où j'ai puisé, je n'ai osé
revenir les mains vides, le vin est si rare à la ville que
personne ne m'en a donné. J'ai rempli nos bouteilles
d'eau pour accomplir votre commande. C'est ainsi que
la simple obéissance comme dit (1) un grand abbé de
notre France, fait miracle et convertit les éléments. Ce
saint homme convertissait aussi les hommes par ses
exemples et par ses vives exhortations; enfin après
avoir été lui-même souvent supérieur, il mourut au dit
couvent de Latertia, l'an que dessus.

Frère Joachain de Lévante lui succéda de vie et en
supériorité; ce fut un grand ennemi de son corps que,
comme saint Paul, il châtiait si rudement qu'il le ren-
dait livide (2) de coups pour le réduire en servitude;
ses disciplines furent si sévères, ses jeûnes et veilles
continuels que vous l'auriez pris pour un miracle
vivant plus de la grâce de Dieu que des éléments de la
terre; il en était souvent élevé, ravi en extase, im-
mobile et sans sentiment l'espace de trois jours, d'où il
revenait enflammé comme un autre Élie communiquant
ses célestes chaleurs aux autres, spécialement à ses
frères dont il fut souvent le gardien, tantôt à Bettone,
province d'Ombrie, tantôt à Montcalier qui pour lors
était de la province de Gênes, maintenant de celle de
Piémont; en ces endroits et en tout plein d'autres où
il fut supérieur, il guérissait miraculeusement toutes

(1) *Obedientia convertit elementa.* — Guarric, abb.
(2) *Castigo* (dans le grec il y a ὑπωπιαζω), *lividum reddo.*

sortes de maladies incurables, nourrit par deux fois ses frères affamés de pain et de viande lorsqu'ils étaient enfermés dans leur couvent comme dans une prison de neiges. Enfin, âgé de soixante et dix ans, et plus chargé de mérites que de vieillesse, il trépassa au couvent d'Ast l'an 1578.

Frère Bonaventure de Vérone ne fut pas inférieur au précédent; il prit l'habit dans la province de Venise, où sa chasteté fut souvent attaquée, mais toujours victorieuse avec les armes de l'austérité et de la prière. Fait plusieurs fois gardien, il se resouvenait de ce mot du Sauveur en l'Évangile : Celui qui est le premier d'entre vous se rende le dernier; que le plus grand se fasse le moindre; que celui qui précède les autres les suive et les serve (1). En effet, tout supérieur, il servait les autres, et dans son couvent faisait tantôt la cuisine, une autre fois le jardin; vous l'eussiez vu d'un côté fouir la terre, qui se réputait bienheureux de se voir ouvrir par de si saintes mains, de l'autre part laver les pots et autres ustensiles de pauvreté pour préparer le repas à ses inférieurs. Ce fut, je crois, ce bon frère lai qui, poussé de l'amour de la pauvreté, donna la première invention de draperie parmi les capucins; je ne trouve personne dans nos Annales qui ait pratiqué devant lui cet humble mais religieux exercice, de filer la laine et lui donner toutes les autres préparations nécessaires pour faire le drap à vêtir les frères. L'on peut dire de sa vertu ce que le livre des Proverbes avance de celle de la femme forte (2), ses pieds cherchaient

(1) *Qui major est in vobis fiat sicut minor et qui præcessor est sicut ministrator.* — Luc 22.

(2) *Quæsivit lanam, operata est consilio manum suarum.* — Prov. 31.

premièrement cette laine à la campagne pour l'amour
de Dieu, puis ses mains la travaillaient au couvent en
esprit de charité pour revêtir les religieux ; négoce que
Notre-Seigneur approuva par une apparition spéciale
à ce saint homme, qui fut ainsi récompensé de ses
peines ; souvent aussi pendant ce pieux travail son
ange gardien lui tenait visible compagnie, et lui donna
enfin assurance de son salut : sa mort précieuse échut
l'an 1586, sous le pape Grégoire XIII.

De la même province fut frère Benoît de Colleamato,
fort bien nommé de ce nom de bénédiction, parce qu'il
fut abondamment rempli de celle des vertus, spécialement de l'humilité qui est celle que je défends en cet
ouvrage ; la sienne lui faisait choisir dans le couvent,
quoique souvent il en fût le supérieur, l'office le plus
bas et le plus pénible qui est celui de la cuisine ; Dieu
qui relève les humbles, l'exaltait par des extases qui le
faisaient paraître en l'air revêtu de lumière ; un jour
même il reçut le privilège de son Sauveur au rivage
du Jourdain, le Saint-Esprit parut sur sa tête en forme
de colombe pour marquer sa simplicité ; âgé de soixante
et six ans, cet homme que je puis nommer docteur de
mansuétude, laquelle il avait appris à la même école de
l'humilité, savoir en l'académie de Jésus-Christ (1),
mourut à Novare l'an 1584, et un an après sa mort son
corps fut trouvé entier et odorant dans le lieu de sa sépulture.

Frère Jacques de Regge eut le même esprit que frère
Benoît de Colleamato ; aussi étaient-ils d'une même
province (2). Cet esprit d'anéantissement et d'humilia-

(1) *Discite a me quia mitis sum et humilis corde.* — Math. XI.
(2) Piceni.

tion lui faisait pratiquer les exercices plus ravalés de son couvent quoiqu'il en fût le gardien; les ayant accomplis, on le trouvait en extase dans sa chambre ou en un coin du jardin, les yeux levés au ciel, le corps de-tere, quelquefois criant si fort que vous eussiez pris sa voix plutôt pour celle d'un lion que d'homme; il opérait ensuite tout plein de miracles qui obligeaient le monde à le nommer communément le saint frère Jacques; après avoir prédit le jour de sa mort au compagnon de son voyage, nommé frère Bernard, elle arriva à Furme l'an 1586.

Un huitième frère lai capucin, saint et gardien tout ensemble, frère Narcisse de Dinan, province de Valence, en Espagne, qui n'est mort qu'en l'an 1609. Ce bienheureux frère avait un nom de fleurs, et il les aimait pour les offrir à son Sauveur dont le nom de Nazaréen signifie tout fleuri; il avait une très particulière inclination pour le petit Jésus qui lui apparaissait souvent, couchait sur son même grabat; pour ce il en semait la moitié de fleurs, à ce je crois qu'il peut dire, comme l'Époux des Cantiques, que son lit était fleurissant (1). En cette amoureuse compagnie, on l'a trouvé souvent extasié, ravi en l'air, quelquefois criant en langue espagnole : O Amores! O Amores! O amour! ô amour! L'amour de son Seigneur le transportait, et comme il n'est qu'un feu sacré qui brûlant l'âme l'éclaire pareillement, l'esprit de Narcisse était spécialement illuminé; il annonçait comme un prophète les choses futures, témoin une fois qu'il prédit au principal bienfaiteur du couvent dont il était le gardien et où il bâtissait, que Dieu lui rendrait son aumône avec

______

(1) *Lectulus noster floridus.* — Cant. 1.

usure; en effet ce seigneur trouva, après avoir fait édifier le monastère, que son revenu était accru de deux mille écus de rente par année; prédiction de frère Narcisse qui fut suivie de beaucoup d'autres, comme de toute sorte de miracles après sa mort; elle est arrivée en la ville de Valence, où ils continuent maintenant encore.

Sont-ce pas là des voix disertes qui prennent la coutume sans discontinuation jusqu'à notre âge de la voix active et passive des frères lais dans les élections de l'Ordre, puisque souvent même ils en ont été supérieurs et dans les provinces et dans les couvents particuliers; je ne parle point d'un Mathieu de Milan, je laisse un frère Bonaventure de Vienne et autres frères lais gardiens en leurs provinces : je me contente de dire qu'ils concourent aux élections de l'Ordre en tous les chapitres qui se font, et que celui de Rome en cette présente année 1641 a vu encore quatre frères lais discrets au chapitre provincial, Dieu permettant qu'à la face de l'Église et de la cour romaine, l'humilité séraphique paraisse sur le chandelier; oserais-je dire que c'est peut-être ce dernier exemple qui donne de la jalousie à l'orgueil et à la science, lesquels s'arment de l'autorité des clefs de saint Pierre, et se cachent sous la pourpre pour persécuter la simplicité.

Nonobstant ces persécutions, il faut qu'elle triomphe aujourd'hui puisqu'elle a pour soi le droit et la coutume, la loi et l'usage, la règle et la prescription. C'est ce que j'ai montré jusqu'à maintenant dans deux parties de ce Traité apologétique : j'ai été animé de le tracer par ce grand apôtre saint Paul, écrivant aux Éphésiens, quand il les exhorta d'être fort soucieux de conserver l'unité d'esprit dans le doux lien de la paix (1).

J'ai vu les funèbres et lugubres préparatifs da la guerre, à la nouvelle de ce Bref, qui a alarmé les meilleurs religieux français même désinteressés comme prêtres et prédicateurs, qui se sont déclarés mécontents de cette injuste nouveauté. J'ai eu sujet légitime de craindre le changement de cette vénérable antiquité de six vingts ans en notre congrégation. J'ai entendu saint Augustin qui me disait à l'oreille, comme à l'une de ses Épitres, que le changement de coutumes, lorsque même il est couvert d'un prétexte d'utilité, est dangereux et trouble par sa nouveauté (2).

Nous ne saurions souffrir qu'elle passe les monts et devienne française. Nous avons pour autoriser notre procédure en ce Traité, l'observance de la règle et l'appui de la coutume

PARAGRAPHE IV (3).

Que c'est non seulement le droit et la coutume aux mineurs frères lais de concourir aux élections de leur Ordre, mais que ce l'est encore aux sœurs lais de l'ordre de sainte Claire, fondé par saint François.

Pour appuyer ce que nous avons dit ci-devant, je ferai voir que, non seulement ça a été l'intention de

---

(1) *Solliciti servare unitatem spiritus in vinculo pacis.* — Ephes. 4.

(2) *Ipsa mutatio consuetudinis etiamquæ adjuvat utilitate, novitate perturbat.*

(3) Ce paragraphe est pris dans la deuxième édition de 1643 qui complète celle de 1642.

saint François que, les laïques de son Ordre eussent droit de voix active et passive dans toutes les élections qui s'y font, puisqu'il a voulu lui-même que les sœurs lais de l'Ordre de Sainte-Claire, fondées par le saint, eussent le même droit de concourir activement et passivement dans toutes les élections qui se font parmi elles, comme il est porté dans la règle de sainte Claire, droit dont on a voulu les priver dans ce temps même que j'écris cette Apologie, en vertu d'une lettre du cardinal de Saint-Onuphre, protecteur de l'Ordre des Mineurs, et au nom de la congrégation des réguliers qui commit l'archevêque par ladite lettre datée du 5 février 1638 pour l'instruire des raisons y portées et d'en envoyer le mémoire à ladite congrégation, et par une autre lettre du 25 juillet de la même année 1638 commit de rechef le dit archevêque pour juger définitivement l'affaire, lequel s'étant transporté dans le monastère des cordeliers du faubourg Saint-Marceau à Paris, rendit sa sentence définitive le 25 septembre ensuivant, par laquelle il ordonna que les converses qui ont ci-devant assisté et donné leurs voix aux élections de leurs abbesses jouiront pendant leurs vies de ce droit et prérogative, et que pour celles qui n'ont ci-devant assisté en aucune élection d'abbesses ou qui dorénavant seront reçues à faire profession n'auraient aucune voix ni assistance aux élections qui se feront ci-après, aux jours accoutumés, laquelle sentence fut homologuée par un Bref de la cour de Rome du 9 juin 1630. Les sœurs lais firent leurs remontrances de l'injustice qu'on leur avait rendue, mais comme elles ne furent point écoutées, et qu'on n'eut aucun égard à leurs justes plaintes, pour se garantir du mal qu'on leur allait faire, elles protestèrent de nullité de tout ce qui avait été fait et décerné contre elles et à leur insu et appelèrent comme d'abus de tout ce qui avait été obtenu et envoyé de Rome et fait en conséquence par l'archevêque de Paris au préjudice de leur droit et coutume dont elles avaient toujours joui paisiblement jusqu'alors sans interruption ni opposition, leur appel comme d'abus fut relevé et porté au parlement de Paris, qui en prit connaissance, et enfin la cause instruite fut plaidée contradictoirement entre les religieuses lais appelantes comme d'abus d'une part, et les religieuses choristes intimées d'autre part; et ensuite jugée par un arrêt solennel rendu à la grande chambre le 13 mars 1642, par lequel arrêt les sœurs lais sont maintenues dans la possession et jouissance de concourir à toutes les élections de leur Ordre avec défense de les inquiéter ni troubler dans la suite, et tout ce qui avait été fait et décerné contre elles cassé et mis au néant.

Sont-ce pas là des voix disertes qui prouvent la coutume sans discontinuation jusqu'à notre âge de la voix active et passive des frères lais dans les élections de l'Ordre, puisque souvent ils en ont été même supérieurs dans les provinces et dans les couvents particuliers; je ne parle pas d'un Matthieu de Milan, je laisse un frère Bonaventure de Vienne et autres frères lais gardiens en leurs provinces. Je me contente de dire qu'ils concourent aux élections de l'Ordre en tous les chapitres qui se font, et que celui de Rome en cette présente année 1641 a vu encore quatre frères lais discrets au chapitre provincial, Dieu permettant qu'à la face de l'Église et de la cour romaine, l'humilité séraphique paraisse sur le chandelier. Oserais-je dire que c'est peut-être ce dernier exemple qui donne de la jalousie à l'orgueil et à la science, lesquelles s'arment de l'autorité

des clefs de saint Pierre, et se cachent sous la pourpre
pour persécuter la simplicité.

Nonobstant ces persécutions, il faut qu'elle triomphe,
puisque elle a pour soi le droit et la coutume, la loi et
l'usage, la règle et prescription. C'est ce que j'ai montré
dans les deux parties de ce Traité

FIN DE LA SECONDE PARTIE DE CE TRAITÉ.

LOUANGE A DIEU, A SA VIERGE MÈRE, ET AU SÉRAPHI-QUE PÈRE SAINT FRANÇOIS.

*Déclaration de Messieurs les docteurs de la Sorbonne
sur les qualités de ce petit Traité.*

Vous me demandez par la dernière lettre que j'ai reçue de votre part, que je lise un livret qui a pour titre :
*Apologie pour le droit de voix active et passive qu'ont les
Religieux Lais Frères Mineurs Capucins en toutes les
élections de leurs,* composé par le R. Père Paulin de Beauvais, *prédicateur capucin :* Je l'ai lu, et l'ai fait voir à un
de nos confrères, il est de même avis que moi, que ce
livret peut être lu sans scrupule des pères et des frères
de l'Ordre, et de toutes personnes, n'y ayant rien qui les
puisse offenser, mais d'autant que ces sortes de livrets
ne sont pas de la qualité de ceux auxquels nous avons
accoutumé de donner nos approbations, n'étant qu'un
pur factum, je vous en dis mon avis par cette lettre que
j'ai aussi fait souscrire par celui de messieurs nos confrères qui l'a vu avec moi.

FLEURY DE FLAVIGNY.

A Paris, ce 8 août 1642.

Ad Sapientissimos Theologiæ e domo Sorbonica
Magistros.

Sap. Theologiæ Magistri.

Anno superiore fratribus minoribus capucinis signi-
ficatum est Breve Summi Pontificis Urbani octavi, quo
fratribus laïcis dicti ordinis impleto post religionis in-
gressum septennio jus activæ et passivæ vocis permit-
titur ad triginta solum annos. Istius Brevis significa-
tum dictis laïcis hunc metum attulit, ne jure præfato,
quod sibi concessum regula patris sui S. Francisci re-
tinuerunt hactenus, elapsis triginta annis excidant ac
si illud vi dicti Brevis, adeoque ex privilegio solum
obtineant : Quare dicti fratres consultum veniunt ad
vos, sapientissimi theologiæ Magistri, et vestrum de his
capitibus judicium humillime rogant : Primo, videri
ne possint jus illud suis regulis comprehensum amisisse
ullâ vel Sommorum Pontificum vel Ecclesiæ constitutione, quod dictum Summi Pontificis Urbani octavi
Breve supponit : Deinde si nullo constitutione derogatum est hactenus juri præfato, nonne facturi sint quod
fas est, quodque retinendi sui juris æqua sollicitudo
postulat, si justis atque legitimis rationibus et cum omni
submissione agant apud Summun Pontificem, ut suum
sibi jus integrum servetur, et si quid isti juri vi dicti
Brevis detractum videri possit, id totum apostolica auctoritate revocetur. Hæc autem vobis consideranda pro-
ponunt, quæ dicto juri vel obesse vel prodesse possunt,
ex quibus tota questio pro vestra prudentia decidi queat.

Primo. Regula S. Francisci, capite septimo, jus illud

activæ passivæque vocis ad dictos fratres laïcos pertinere supponit : ubi statuitur, ut ministri, si presbyteri sint, delinquentibus cum misericordia pœnitentiam imponant, si presbyteri non sint, eam a presbyteris imponi curent. Quibus regulæ verbis nomine non presbytera num etiam fratres laïcos comprehendi agnoscit S. Bonaventura opusculo in septimun dictæ regulæ caput.

Secundo. Honorius III dictam S. Francisci regulam confirmavit sua Constitutione quæ incipit : Solet annuere.

Tertio. Ludovicus Miranda, in Manuali Prælatorum regulari, tom. 2, quæst. 3, art. 2, refert à Gregorio nono revocatum esse jus illud quod Honorius tertius dictis fratribus concesserat ex dispensatione peculiari et proprià regulæ Fratrum Minorum.

Quarto. Nihilomimus Gregorius nonus iste revocationi cujus mentionem nullam faciunt ordinis Chronica, hanc moderationem attulit quam scribit idem Miranda his verbis, sed postea revocatum fuit per Gregorium nonum, et nisi consuetudine fuerit aliud introductum propter rationes prædictas. Quæ moderatio superponit dictos laïcos jus suum activæ passivæque vocis retinuit se post Gregorii noni revocationem, si tunc temporis dicto jure gaudebant.

Quinto. Non môdo ante Gregorium nonum, sed statim ab eo ac deinceps multis fratribus laïcis ministri fuerunt. S. Bonaventure, opusculo in dictam regulam, narrat id diuservatum primis ordinis temporibus ob penuriamo sacerdotum. Circa tempora S. Bonav. guardianus

10.

fuit. F. laïcus, de quo ob singulare aliquod factum in Chronicis memoratur anno 1387, frater Paulus sive Paulinus de Traincio, laïcus, singulari Dei providentia, reformavit Ordinem, primus, que superior fuit et commissarius generalis reformationis observantiæ, à Gregorio undecimo confirmatæ. Post eum quamdiu dicta reformatio viguit, alii quam plurimi à fratribus laïcis in superiores creati sunt, sicut ex Chronicis constat : ac præ cæteris superior et guardianus fuit B. Didacus, quem apostolica sedes ob sanctitatem et patrata miracula inter cœlites numeravit; anno 1500 frater Petrus Melgary non alio quam suæ regulæ privilegio electus in custodem provinciæ Portugalliæ. Nec defuerunt in reformatione capucinorum fratres laïci qui superiores fuerint; in quibus Justinus à Panigales qui commissarii provincialis fungens officio, provinciam Umbriæ gubernavit et plurimis clarus miraculis, mortem cum vita commutavit anno salutis humanæ 1547. F. Antonius, definitor provincialis, anno 1580. F. Massens, magister novitiorum anno 1571. Fr. Bonaventura qui vivebat anno 1581, Veronensem conventum rexit. Fr. Benedictus de Colleamato vita functus anno 1581, provinciam Marchensem. Fr. Jacob de Reggio eamdem provinciam an. 1600. Fr. Narcissus qui, anno 1590, fato concessit pro vinciam Valentinam, et postrema fratrum capucinorum congregatione quæ, præsente anno 1640. Romæ habita est post Pascha, fratribus laïcis quatuor discreti numerabantur.

Sexto. Profertur adversum istud jus fratrum laïcorum : C. Ex eo in ecclesiis de electione in cujus hæc sunt verba : In ecclesiis quoque regularibus vel monasteriis qui non sunt tacitè vel expressè professi non debent

cum professis vel conversi laïci cum clericis, electionibus interesse.

Septimo. Profertur adversùs idem jus Clemens II de
ætate et qualitate Ordin. cujus hæc sunt verba : Ut ii qui
divinis in cathedralibus vel collegialis secularibus vel
regularibus sunt mancipati officiis vel mancipabuntur
in posterum, ad suscipiendas sacros ordines propen-
sius inducantur : Statuimus ut nullus de cetero in
hujusmodi ecclesiis vocem in capitulo habeat, nisi saltem in subdiaconatus ordine fuerit constitutus, sunt
quæ habentur in Conc. Trid. Sess· 22, C. 4. De reform :
Qui cunque in cathedrali vel collegialis æculari vel regulari ecclesia divinis mancipatus officiis in subdiaconatus ordine saltem constitutus non sit, vocem in hujusmodi ecclesiis in capitulo non habeat, etc...

Denique consideretur dictum Breve Summi Pontificis
Urbani Octavi cujus hic est tenor.

Urbanus pape VIII.

Ad futurum rei memoriam.

Nuper pro parte dilectorum filiorum Fratrum Minorum sancti Francisci capucinorum manenpoterum,
Nobis expositum fuit quod alias fel. record. Pius papa
quintus prædecessor Noster dictis fratribus vivæ vocis
oraculo concessit, ut fratres laïci dicti Ordinis vocem
in electionibus ·habere possint nonobstante Concil.
Trid. Sess. 22, De reform. cap. 4., quæ concessio fuit
a capitulis generalibus dicti Ordinis limitata; videlicet
ut fratres laïci hujusmodi a voce activa et passiva in
electionibus prædictis tamdiu exclusi essent, quamdiu

integrum quadriennium in eodem Ordine complevissent. Quia vero nos ex certis causis animum nostrum noventibus vivæ vocis oracula hujusmodi revocavimus, nobis pro parte sua fratres prædicti humiliter supplicare fecerunt, ut sibi in præmissis, ut infra, indulgere, et alias opportune providere de benignitate apostolica dignaremur. Nos igitur dictos fratres specialibus favoribus et gratiis prosequi volentes ac eorum singulares personas à quibus visi excommunicationibus, suspensionibus et interdictis aliis quoque ecclesiaticis sententiis, censuris, et pœnis a jure vel ab homine quavis occasione vel causa latis, si quibus quomodolibet innodatæ existunt, ad effectum præsentium clara taxat consequentium, harum serie absolventes et absolutas fore censsentes, hujus modi supplicationibus inclinati; quod fratres laïci dicti Ordinis ad præsens professi juxta prædictam dictorum capitularium generalium limitationem; Illi vero qui in posterum habitum per fratres laïcos hujusmodi gestari sollicitum susceperint, et professionem per eosdem emitte consuetam emiserint regularem. Postquam integro septennio a die suscepti per eos habitus hujusmodi in dicto Ordine degerint, vocem activam et passivam in electionibus prædictis habere libere et licite possint, et voleant, apostolica auctoritate, tenore præsentium concedimus et indulgemus nonobstante revocatione nostra prædicta aliisque constitutionibus et ordinationibus apostolicis dicti Ordinis, etiam juramento, confirmatione apostolica, vel quavis firmitate alias roboratis statutis et consuetudinibus, cæterisque contrariis quibuscumque : præsentibus ad 30. annos dumtaxat valituris.

Datum Romæ apud sanctum Mariam Majorem sub

annulo Piscatoris, Die 30 septembris 1637, Pontificatus nostri anno decimoquinto.

Nos in Sacra Theologiæ facultate parisiensi Doctores Sorbonici tenemus Fratres Minores capucinos laïcos jurejure ob institutione sui Ordinis, ut supponitur capite septimo regulæ sancti Francisci, accepisse jus activæ et passivæ vocis illudque perpetua consuetudine confirmatum etiam nunc retinere. Isti juri derogatum hactenus non esse constitutione Gregorii noni, ob hanc moderationem (nisi consuetudine aliud fuerit introductum) quia constat circa tempora Gregorii noni ac deinceps e fratribus laïcis superiores fuisse : non item capite ex eo de electione in 6, cum in eo præterquam quod solos non professos et conversos ab electionibus excludit, specialiter et expressè non derogetur isti juri fratrum laïcorum, et tamen per constitutionem noviter editam, nisi expressè caveatur in illa locorum specialum et personarum singularium consuetidinibus et statutis non derogetur c. licet Romanos de constitutionibus in 6 : non denique Clementina 2 de ætate et qualitate ant. illo c. 4. sess. 22. Conc. Trident, quibus nihil statuitur circa monasticas et claustrales domus, sed tantum circa eos qui in cathedralibus et collegialis ecclesiis sive sæcularibus sive regularibus, divinis officiis mancipantur, quos metu amittendi juris activæ et passivæ vocis ad suscipiendos ordines induci conveniens fuit. Unde censemus dictos fratres laïcos nihil preter jus et œquum, sed convenienter isti solicitudini facturos qua contenta suis regulis et servata per consuetudinem jura sarta tecta transmittere debent in futurum, si legitimis accongruentibus modis agant apud Summum Pontificem et eâ quâ par est humilitate consequi conentur, ne jus activæ et passivæ vocis è suis regulis et perpetuâ consuetudine se transmissum, solum accepisse indicentur à Pio quinto vivæ vocis oraculo aut vi prefati Brevis Summi Pontificis Urbani octavi quod jus illud nomine privilegii vocat, in posterum detrahatur.

Actum Parisiis in Sorbona die decimoquinto septembris, anno Domini 1640.

Mulot, decanus facultatis parisiensis et senior domus sorbonicæ.

N. Ysonbert, doctor et professor regius in theologia.

Froger, doctor sorbonicus, sacræ totius facultatis syndicus et pastor eccl. parochalis S. Nicolai è Cardineto Parisiensis.

J. Chorton, doctor sorbonicus et ecclesiæ parisiensis summus pœnitentiarius

M. Grandin, doctor sorbonicus et moralis theologiæ professor.

In nomine Domini
Ad publicum veritatis monumentum.

Super questione mihi nuper circa religiosos fratres laïcos capucinos propositâ sententiam rogatus, ubi momenta omnia quæ ad eam pertinere omni ex jure videbantur, accuratè perpendi, hoc tandem ego infra scriptus in sacrâ facultate parisiensi doctor theologus, et in collegio Sancti Jacobi F. F. Prædicatorum professor, æquitati publicæ veritatique testimonium censui pro ratione mei muneris exhibendum.

Primo. Satis mihi vel ex ipsâ primævâ sancti Francisci regulæ constitisse quod suffragii passivi pariter et activi potestas ad omnes illius professores tam laïcos quam clericos æquo tenore pertineat, nec ejus usus ex adventitio tantum privilegio jure, quod abrogari pro arbitrio possit, videri derivatus debeat : Sed ex primigenio jure, quod inviolati roboris ac momenti sit, nec eam facile abrogationem patiatur : Imo juxta institutoris beatissimi mentem firmum stare semper atque integrum debeat observari : quippe cum caput septimum in quo de injungendis pœnitentiis agitur, ministrum non sacerdotem etiam inter sacerdotes præsidentem aperte ac expressè supponat, et octavum caput ministri generalis electionem ad capitulum ex aliis ministris constans pertinere declaret : adeoque jus passivi simul et activi suffragii promiscui utriusque concessum et arrogatum velit : Nullo clericorum hac in parte à laïcis fratribus interjecto, vel leviter indicato discrimine.

Secundo. Quod etsi sanctus Bonaventura in eo quo regulam interpretatur opusculo concessionis illius rationem ad sacerdotum raritatem revocare videatur eamque proptereà primordiis ordinis accommodatam notet, nihil tamen omnino affert, quo significet revocatam, ex quo plures extare experunt sacerdotes quasi hæc sola ratio fuerit, cur eo necessario ab initio servaretur. Quin aliam satis fuisse causam indicat, cur esset ex industria citra omnem necessitatem institutam, cum consentanea ad id quod in ipsa regula capite septimo continetur iis ipsis locis quibus fratres laïci præsident, sacerdotes aliquos residere supponit : atque hoc ipsum institutum vel maxime sancti Francisci exemplo commendat, et confirmat, cum illum subinde notat, quamvis ordinis institutor et primus generalis minister esset, sacerdotem nihilominus fieri noluisse.

Tertio. Quod revocatio Gregorii noni quæ à nonullis præteritur, nec ullibi expressa in jure canonico, et illius rescriptis invenitur, nulla videatur extitisse unquam, nec extare in reta contentiosa, tantique momenti potuisse, quin hactenus asservata etiamnum extaret, cum aliæ similis aut minoris momenti declarationes ab eodem factæ plures extent; sed ex perperam intellecto vel detorto canone deducta fortassis videri possit : Ex canone scilicet, sacro Sancta Romana Ecclesia, tit. de Electione in Decretal., ubi jus eligendi in ecclesiâ collegiatâ non cadere in laïcum expresso rescripto profitetur; sed manifestè laïcum sæculari vitæ addictum intelligit, ut ex ipsa rescripti serie contextuque colligitur, occasione cujusdam, qui sibi arbitrarium eligendi prælati monastici jus, patroni titulo et nomine arrogabat. Quamvis nec, si qua extaret ejus modi qualis refertum aliunde, ullius esse momenti potest, cum eligendi jus laïco eâ tantum adjectâ clausulâ et conditione abroget (ut ipsi referentes agnoscant) *nisi aliud consuetudine fuerit introductum :* quale non consuetudine dumtaxat, sed et jure speciali ac privato in Ordine Sancti Francisci ex instituto introductum fuisse supponitur.

Quarto. Quod eam revocationem nullam unquam fuisse, nec venisse in mentem sanctissimo Pontifici ut jus illud fratrum laïcorum Sancti Francisci abrogatum vellet, posterior ejusdem juris usus, continuata variis locis et provinciis ad hæc usque tempora successione firmatus manifeste satis evincat, ut ipsius Ordinis annalibus publicis continetur; cum nec reclamatum fuerit, nec expressius aliquid in contrarium possit afferri, nec videri credibile possit, ut continuari contigisset usum ipsum, nemine saltem reclamante, imo et Summorum Pontificum acclamante consensu, si ulla ejusmodi revocatio juris anterior extitisset.

Quinto. Quod neque canon, Ex eo, in secto per Bonifacium octavum editus, et laïcos conversos unà cum clericis ad ferendum in electione suffragium admitti non debere declarans, quidquam eidem juri adversum ac repugnans contineat, cum ad solos laïcos in monasteriis absque propriâ status regularis professione Deo servientes, quales : tertiarii vel oblati esse alicubi solent, pertinere posse videatur, vel iis ad summun convenire, qui habitu à clericis et forma distincti speciali quodam nomine, ut in aliis passim religiosis ordinibus, fratres conversi appellantur, sed ad laïcos regulæ sancti Francisci professores pertinere non possit, qui nec laïci dumtaxat, sed fratres laïci, neque unquam conversi dicti sunt, sed fratres laïci tantum, utpote à clericis nec habitu, nec professione, nec observantiâ regulari, sed solo ecclesiastico statu, nihil per se ad regulæ observantiam pertinente distincti, adeo ut nihil circa illos ejusmodi statuto Bonifacius innovare voluerit, sed alios potius aliorum ordinum laïcos ab eodem jure propter aliam, laïci status rationem excludere.

Sexto. Quod Clementina Exivi de Paradiso, paucis post Bonifacium annis edita, et eligendi modum in ipso sancti Francisci Ordine nominatim ex professo præscribens atque ut secure omnia illic fiant, providere se inquiens, post eléctionem generalis ex formâ regulæ jam præmissa suppositam, quæ per ministros omnes, etiamsi non sacerdotes, ejusmodi electiones facienda præscribitur, electiones quoque in comitiis et pro comitiis aut capitulis provincialibus faciendas ita constituat, ut ad omnes omnino (cæteris paribus) prælati ordinis fratres nullo clericorum laïcorumque discrimine sed uniformi jure pertinere significet : ac proinde nihil ad illos, ut ex propriis verbis palam est, alia Clementina pertineat, qua in Concilio Viennensi cautum est, ut ii qui divinis obsequiis mancipantur, eo se maturius ad sæcurum ordinum susceptionem cui ex ipsa ratione sui gradus destinantur, accingant neminem illorum nisi sacris ordinis initiatum, et in subdiaconatu saltem constitutum, ad suffragium in ecclesia cujus est aut electionem ullam admitti.

Septimo. Quod neque illud jus novo Tridentini Concilii decreto Sess. 22 De reformat., cap. 4, abrogatum existimisse quisquam possit, quo cavetur, ne in ecclesiâ cathedrali vel collegialâ, regulari vel sæculari, ullus ad electionem admittatur, qui saltem, ut præmissum est, in subdiaconatus ordine non fuerit constitutus : cum regularem ecclesiam intelligi manifestum sit eam tantum, in quâ canonici vulgo dicti regulares existunt aut veri regulares canonicorum vices implent, quales collegialæ plures, imo et cathedrales aliquot etiamnum extant : adeo ut regularis ecclesia non seorsim à cathedrali vel collegiatâ velut membrum tertium nominetur, alioquin sæcularem quoque veluti quartum membrum nominari seorsim oporteret, atque ita (quod absurdum est) cathedralem et collegialam tam a sæcu-

lari, quam à regulari distingui, nec alterutram dici
posse, sed ut regularis ac sæcularis posterior divisio
in primam ipsam cathedralis et collegialæ partitionem
reflectatur, et cathedralis ipsa vel collegiala, sive regularis illa sit, sive sæcularis, utrinque intelligatur desig-
nari ; nec hoc subinde ad regulares domos ulla ex parte
pertineat, ut in ipsis consilii declarationibus apertis-
sime continetur, et nimis quam aperte canon ipse
continet, quo nihil aliud quam antedictam Clementi-
nam innovare se concilium profitetur, nihil quod ad
regulares domos (cum ecclesiis collegialis aut cathe-
draticis nullà ratione commune quidquam habentes)
pertineat statuentem.

Octavo. Quod concessio quæ prætexitur Pie quinti
quasi suffragii usum fratribus laïcis antedictis ex in-
dulto apostolico ac favore permittent, nec abstante
Tridentino statuto dispensatorie ratum esse volens,
non tam concessio privilegii vel dispensatio, quam declaratio juris et confirmatio fuerit, qua significavit
nihil antiquo illi juri novum Tridentini Concilii statu-
tum alio pertinens derogare, nec illud isto videri posse
abrogatum : adeoque illius usum velut instituto ipsi
ac regulæ consentaneum suâ illa sanctione stabilivit.

Nono. Quod cum ab ipso Concilio Tridentino, ut et
anteà jam à supradictis Pontificum aut Conciliorum
declarationibus ac statutis, inviolatus atque integer nec
interceptus unquam usus ille perstiterit ; cum ejus
potestatem laïcis fratribus æque ac aliis attributum
peculiares capucinorum constitutiones, in ipsa urbe
Roma capituli generalis auctoritate palam editæ, in-
novatæ, confirmatæ typis ac verbis italicis anno 1609

excusæ contineant; cum in eo ipso capitulo cautum sit, ut eædem constitutionis præ se ferunt, ne quid circa illas deinceps nisi alterius capituli generalis arbitrio et consensu innovetur; imo et patribus in quocunque alio generali capitulo congregandis cum obtestatione commendetur, ne quid in iis innovatum, detractum et immutatum velint, sed integra omnia retineant, et ad amussim observanda commendent, satis hoc ipso exploratum est, nihil ante dicto juri repugnans, vel Tridentini Concilii canone, vel quibuslibet aliis decretis ecclesiasticis contineri; nec potuisse ordinariorum permissu constitutiones illas excudi, si quid ejusmodi decretis contrarium continerent.

Decimo. Quod formula ipsa litterarum pro discretis ad quæcunque capitula destinandis conscribendarum iisdem præfati capituli constitutionibus expressa, hoc ipsum eo expressius certiusque confirmet, ubi disjunctim habetur : Tibi sacerdoti vel laïco, adeoque utriusque simul suffragii passivi et activi ejusmodi missione defertur, cum ad ministri provincialis aut generalis electionem faciendam eo ipso quis admittatur quo discretus ad capitulum mittitur, ut satis ex prædictis regulæ declarationibus per se constat; nec ulla subesse ratio videatur, cur in aliis quibuscunque non admitti debeat ad activum (quod in religione minus est) qui supponitur admissus ad passivum.

Quibus omnibus ut præmissum est momentis quoad potui accurate perpensis, cum jus illud et regulis et constitutionibus et perpetua praxi atque usu firmatum adverterim, nec ullis ecclesiasticis legibus aut canonicis infirmatum; ac aliunde intelligam, quod et jure communi ratum est, generalis statuta particularibus derogare non posse, nisi specialis illorum in ipsa generali constitutione mentis fiat ut adhibitâ speciali clausula vel conditione revocentur, aut aliquid nominatim ad eorum revocationem pertinens exprimatur : Nihil video quod Obstare possit, quin antedicti pii ac religiosi fratres laïci a congregatione capucinorum in serafico sancti Francisci Ordine pertinentes, utriusque suffragii libertatem tanquam sibi non privilegio solo concessam; sed jure ipso suæ professioni annexam vindicare possint, pro eoque jure inviolate deinceps et integre conservando ac subinde ad posteros transmittendo efficiant, quidquid et religiosa humilitas ac modestia patietur, et juris ratio postulabit, quo illius jacturam quibus omnibus legitimis modis possunt, impedire conentur aut revocandum curare, quod in eorum hac in parte dispendium nuperrimo statuto tentatum est.

Ita me profiteor et suscribo.

FR. JOANNES NICOLAI.

Ita censeo : FR. BISSARDON in sacra facultate parisiensi, doctor theologus; FR. GEORGIUS LEVESQUE, doctor regens august.

Traduction des Déclarations latines des Docteurs de Sorbonne.

Aux très Savants Maîtres en Théologie de la Sorbonne.

Savants Maîtres en Théologie,

L'an dernier on a publié un Bref du Souverain Pontife Urbain VIII à l'adresse des Frères Mineurs capu-

cins, d'après lequel on accorde aux frères lais de
cet Ordre la voix active et passive dans les élections
pourvu qu'ils aient 7 ans de religion, mais cela pour
trente ans seulement. Les frères lais, ayant recu connaissance de ce Bref, craignirent qu'après les 30 ans
écoulés, ils ne perdissent entièrement un droit que la
règle leur accorde, et qu'ils avaient conservé intact
jusqu'alors; car le Bref semblait ne leur accorder ce
droit que par privilège et pour ce temps déterminé.
C'est pourquoi les dits frères viennent vous consulter,
très savants Maîtres en Théologie, et ils demandent
vos avis sur les points suivants, et cela avec la plus
grande humilité. D'abord ce droit contenu dans leur
règle a-t-il été enlevé par quelque constitution des
Souverains Pontifes et de l'Église, comme le Bref du
pape Urbain VIII paraît le supposer? Et si aucune constitution ne les a privés de ce droit, ne doivent-ils pas
faire tout leur possible et mettre toute leur sollicitude
à en conserver l'intégrité; ne peuvent-ils pas, en s'ap-
puyant sur de justes et légitimes raisons, et avec la
plus grande soumission d'esprit, agir auprès du Souverain Pontife afin qu'il leur conserve ce droit intact;
et si ce même droit a été amoindri par le dit Bref, Sa
Sainteté veuille bien par son autorité apostolique lui
rendre sa première intégrité. On vous prie donc de
considérer ce qui peut être avantageux ou désavan-
tageux à ce droit, afin que toute la question soit décidée
selon votre prudence.

Premièrement. La Règle de saint François au chapitre
VII suppose que le droit de voix active et passive appartient aux frères lais, puisqu'il y est dit : « que les
ministres, s'ils sont prêtres, leur enjoignent la péni-

tence avec miséricorde ; et s'ils ne sont pas prêtres qu'ils la fassent enjoindre par d'autres prêtres de l'Ordre ». Par ces mots : « que les ministres, s'ils ne sont pas prêtres », il faut entendre les frères lais, d'après saint Bonaventure, dans son opuscule sur le chapitre VII de la règle.

Secondement. Honorius III a confirmé la règle de saint François par sa constitution qui commence *Solet annuere.*

Troisièmement. Louis Miranda, dans le Manuel des Prélats réguliers, tome 2, quest. 3, art. 2, rapporte que Grégoire IX avait révoqué ce droit qu'Honorius avait accordé aux dits frères par une dispense particulière, et propre à la règle des Frères Mineurs.

Quatrièmement. Grégoire IX néanmoins apporta une modération à cette révocation, dont ne parlent nullement les chroniques de l'Ordre. Le même Miranda s'en exprime en ces termes : Grégoire IX révoque ce qu'il avait fait en ajoutant ces mots : « A moins que l'usage n'ait introduit une coutume contraire, à cause des raisons enumérées ci-dessus. » Ces paroles font supposer que les frères lais jouissaient de leur voix active et passive encore après la révocation de Grégoire IX, s'ils en jouissaient déjà du temps de ce pontife.

Cinquièmement. Non seulement avant Grégoire IX, mais de son temps et dans la suite, beaucoup de frères lais furent supérieurs. Saint Bonaventure, en son Opuscule sur la règle, rapporte que cet usage avait été longtemps conservé dans les premiers temps de l'Ordre, à cause du manque de prêtres. Au temps de saint Bonaventure, un frère lai a été gardien ; et il est parlé de lui dans les Chroniques, à cause de ses actions extraordinaires. L'an 1387, ce fut Paul ou Paulin de Traincio, frère lai, qui par une disposition particulière de la Providence réforma l'Ordre ; et il devint premier supérieur et commissaire général de l'observance, réforme confirmée par Grégoire XI. Après lui, tant que subsista la dite réforme, beaucoup de frères lais furent choisis pour supérieurs, ainsi que le rapportent les Chroniques ; et entre tous on cite le bienheureux frère Didace, qui fut supérieur et gardien, et que le siège apostolique a mis au nombre des saints à cause de sa piété et de ses miracles. L'an 1500, le frère Pierre Malgary fut choisi pour custode de la province de Portugal, et cela sans autre privilège que celui de sa règle. La réforme des capucins ne manque pas de frères lais choisis pour supérieurs ; citons entre autres le frère Justin de Panigale, qui, en qualité de commissaire provincial, gouverna la province de l'Ombrie, et s'illustra par plusieurs miracles, avant de changer cette vie en une meilleure en 1547. Le frère Antoine fut définiteur provincial en 1580. Le frère Massée fut maître des novices en 1571. Le frère Bonaventure, qui vivait en 1581, fut supérieur du couvent de Vérone. Le frère Benoît de Colléamate, mort en 1581, fut provincial de la Marche. Le frère Jacques de Reggio en fut également provincial, en 1600. Le frère Narcisse, qui mourut en 1590, fut provincial de la province de Valence. Enfin dans les élections générales des capucins tenues à Rome en 1640, parmi les discrets il y avait quatre frères lais.

Sixièmement. On oppose à ce droit des frères lais le chapitre, *Ex eo*, §. *In Ecclesiis, de Electione*, in 6°; en voici les paroles : « Dans les églises, même régulières, ou dans les monastères, ceux qui ne sont pas tacitement ou expressément profès, aiusi que les frères convers ou lais, ne doivent pas prendre part aux élections avec les clercs.

Septièmement. On oppose encore au même droit la Clémentine deuxième sur l'âge et les qualités de ceux qui doivent être ordonnés ; en voici le texte : « Afin que ceux qui dans les cathédrales ou collégiales séculières, et dans les églises régulières, sont appliqués aux offices divins, ou doivent y être appliqués plus tard, afin donc qu'ils soient plus portés à entrer dans les ordres sacrés : Nous statuons que désormais nul d'entre eux n'aura voix au chapitre dans les églises ci-dessus nommées, s'il n'a été promu au moins au sous-diaconat. » Ces paroles ne sont pas différentes de celles du Saint Concile de Trente, Sess 22, l. 4, De reform. des réguliers : « Si dans les cathédrales ou collégiales séculières, et dans les églises de réguliers, quelque bénéficier appliqué aux offices divins n'est pas sous-diacre, qu'il n'ait pas voix au chapitre dans les mêmes églises. »

Enfin que l'on examine le bref déjà cité, celui du pape Urbain VIII, dont voici la teneur : (Voir plus haut la traduction française de ce Bref dans le Traité de Paulin de Beauvais, 1ʳᵉ partie, sect. 3, § 3.)

Nous, docteurs de Sorbonne dans la sacrée faculté de théologie de Paris, nous soutenons que les frères mineurs capucins lais ont reçu depuis l'institution de leur Ordre, ainsi qu'il est marqué au chapitre septième de la règle de Saint-François, le droit de voix

11.

active et passive, et que ce droit leur a été confirmé
par une coutume perpétuelle, et que maintenant encore ils le conservent. La constitution de Grégoire IX
ne déroge pas à ce droit, en y ajoutant cette clause :
« A moins que le contraire n'ait été introduit par
l'usage » ; car il est certain qu'au temps de Grégoire IX,
et dans la suite, des frères lais furent choisis pour supérieurs. Quand au chap. *Ex eo, De electione*, in 6°, il
faut remarquer que l'on y exclut ceux-là seuls qui sont
non profès et convers ; et d'ailleurs on ne déroge point
spécialement et expressément au droit des frères lais,
car, d'après une récente constitution, il n'y a point
de dérogation aux coutumes des lieux et des personnes
en particulier sans une mention expresse et spéciale de
ces lieux et personnes en particulier. (*C. Licet Romanus
De constitutionibus, in* 6°.) Enfin l'on ne peut non plus
opposer la Clémentine deuxième sur l'âge et la qualité,
ni le C. 4 Sess. 22 du Concile de Trente, puisque là on
ne fixe rien pour les maisons monastiques et claustrales ; et ces décrets concernent seulement ceux qui dans
les églises cathédrales et collégiales, soit séculières,
soit régulières, sont appliqués aux divins offices ; car il
convient de les porter à recevoir le plus tôt possible les
ordres sacrés, par la crainte de perdre leur voix active
et passive. De là nous concluons que les dits frères
lais n'agissent nullement contre le droit et la justice
en faisant tout leur possible pour conserver ce droit
contenu dans la règle, et confirmé par un usage continuel ; et qu'ils ne font que leur devoir en cherchant à le
transmettre intact à leurs successeurs, et en recourant
au Souverain Pontife par des moyens légitimes et con-
venables, en même temps qu'avec une profonde humilité : afin qu'à l'avenir ce droit qu'ils tiennent de leur

sainte règle, et d'une coutume perpétuelle, leur soit conservé pour toujours dans une parfaite intégrité, et que l'on ne dise pas qu'ils le tiennent seulement de Pie V, par une réponse de vive voix, ou bien en vertu de ce Bref du pape Urbain VIII, qui donne à ce droit le nom de privilège.

Fait à Paris à la Sorbonne, le 15 septembre, l'an du Seigneur 1640.

Mulot, doyen de la faculté de Paris et l'ancien de la Sorbonne,

N. Ysambert, docteur et professeur royal de théologie.

Froger, docteur de Sorbonne, et syndic de toute la sacrée faculté, et curé de l'église paroissiale de Saint-Nicolas du Chardonnet à Paris.

J. Charton, docteur de Sorbonne et grand pénitencier de l'église de Paris.

M. Grandin, docteur de Sorbonne, et professeur de théologie morale.

Au nom du Seigneur, pour monument public de la vérité.

Tout récemment les frères lais religieux capucins m'ont demandé un avis sur une question qui les concerne. Après avoir examiné attentivement les raisons pour et contre; moi soussigné, docteur en théologie de la sacrée faculté de Paris et professeur au collège Saint-Jacques des frères prêcheurs, j'ai cru en raison de ma charge devoir rendre à l'équité et à la justice le témoignage public de mon sentiment, que voici :

Premièrement. Il est certain pour moi, que d'après les paroles mêmes de la règle primitive de saint François, le droit de voix active et passive appartient à tous ceux qui professent cette règle, qu'ils soient clercs ou qu'ils soient laïques, et que l'usage de ce droit ne doit pas être considéré comme un privilège, qui puisse leur être enlevé facilement; mais que c'est plutôt un droit primordial, en quelque sorte inviolable, d'une très grande importance, et difficile à abroger. Bien plus d'après les intentions du fondateur de l'Ordre, il doit toujours subsister, toujours être conservé dans une parfaite intégrité. En effet, au chapitre septième de la règle, lorsqu'il s'agit d'enjoindre des pénitences, il suppose ouvertement et expressément qu'un ministre qui n'est pas prêtre peut être ministre et gouverner les autres religieux, même prêtres, et le chapitre huitième déclare que l'élection du ministre général appartient au chapitre formé des autres ministres. C'est pourquoi le droit de voix active et passive est accordé indistinctement à tous les religieux, sans qu'il y ait absolument aucune distinction entre les frères lais et les clercs.

Secondement. Quoique saint Bonaventure, dans son Opuscule sur la Règle, paraisse expliquer ce droit, comme une concession accommodée aux premiers temps de l'Ordre, à cause du petit nombre de prêtres, néanmoins, il ne dit nullement qu'elle ait été révoquée, lorsque les prêtres furent plus nombreux, comme si leur pénurie eût été la seule raison de l'usage des commencements. Bien plus, il indique assez qu'il y a eu une autre cause, outre celle-là, qui les a fait agir, c'est-à-dire l'observation du chapitre septième de la règle, où l'on suppose des frères lais supérieurs, même dans des couvents où il y aurait des prêtres, ce que le saint docteur confirme et recommande, surtout par l'exemple de saint François, puisque, comme il le fait remarquer, saint François, instituteur de l'Ordre, et premier ministre général, n'a cependant jamais voulu être ordonné prêtre.

Troisièmement. La révocation de Grégoire IX, que quelques-uns opposent, ne se trouve nullement marquée dans le droit canon, ni dans aucun rescrit de ce pontife; elle paraît donc n'avoir jamais existé. D'ailleurs elle n'aurait pu exister dans une chose tellement contentieuse et de si grande importance, sans se conserver jusqu'à présent, alors que tant d'autres déclarations du même pontife, et d'une semblable ou même d'une moindre valeur, existent encore maintenant. La prétendue révocation semblerait plutôt déduite d'un canon faussement compris et détourné de son vrai sens, c'est-à-dire du canon, *Sacrosancta Romana Ecclesia* au titre *Des élections*, dans les Décrétales, où l'on déclare par un rescrit particulier qu'un laïque ne peut pas participer aux élections dans une église collégiale. Mais par *laïque*, on comprend manifestement ici quelqu'un qui vit dans la vie civile, comme le fait entendre la suite du texte dans le rescrit, donné à l'occasion d'un séculier, qui s'arrogeait, sous le titre et le nom de *patron*, le droit d'élire à son gré le prélat d'un monastère. Du reste, en supposant qu'il y eût quelque chose de vrai dans ce que disent les adversaires, cela ne serait d'aucune valeur ici : puisqu'ils avouent eux-mêmes que le droit de participer aux élections est refusé à un laïque, avec la clause et condition exprimées en ces termes : « A moins qu'un usage contraire ne soit introduit. » Or, ici, il n'y a pas seulement usage contraire, mais un droit spécial et particulier, introduit dans l'Ordre de Saint-François dès son institution.

Quatrièmement. Que cette révocation du droit des frères lais n'ait jamais existé, et n'ait jamais été dans les intentions du pape Grégoire IX, on le prouve facilement par l'usage postérieur de ce droit, usage continué, avec succession non interrompue, en différents lieux et en différentes provinces jusqu'à nos temps, comme on le trouve rapporté dans les Annales mêmes de l'Ordre. Or il paraît incroyable qu'un pareil usage eût pu, sans qu'il s'élevât aucune réclamation, se maintenir, même avec le consentement unanime des Souverains Pontifes, si antérieurement eût existé une révocation quelconque d'un tel genre.

Cinquièmement. Le canon *Ex eo, in* 6°, provenant de Boniface VIIII, et déclarant que les laïques convers ne doivent pas concourir aux élections avec les clercs, n'est nullement opposé à notre doctrine ; puisqu'il paraît regarder seulement les laïques qui servent Dieu dans les monastères sans professer nullement l'état religieux, tels que sont dans certains endroits, les tertiaires ou oblats. Cela peut encore convenir tout au plus à ceux qui, dans une foule d'ordres, portent un costume d'une forme différente des clercs, et que l'on appelle des frères convers ; mais cela ne peut nullement convenir aux laïques qui font profession de la règle de saint François, et qui ne doivent recevoir la dénomination ni de laïques ni de convers, mais seulement de frères lais, attendu qu'ils ne diffèrent des clercs ni par la profession, ni par l'observance régulière, mais seulement par l'état ecclésiastique, qui de lui-même n'a aucun rapport avec la Règle. Par conséquent, ce n'est pas contre ces derniers que Boniface VIII a voulu diriger son nouveau statut, mais contre les laïques des autres ordres, ces laïques dignes d'être privés de ce droit à cause de leur état purement laïque.

Sixièmement. La Clémentine *Exivi de Paradiso*, publiée quelques années après Boniface VIII, marque d'une manière toute spéciale le mode de procéder aux élections dans l'Ordre même de Saint François, afin que tout se fasse avec la plus grande maturité. Or, après avoir parlé de l'élection du général, qui doit se faire conformément à la règle, c'est-à-dire par tous les ministres, quand même ils ne seraient pas prêtres, elle établit que dans les comices ou chapitres provinciaux les élections se feront, toutes choses égales d'ailleurs, avec un droit uniforme pour tous, c'est-à-dire sans distinction de clercs ni de frères. Par conséquent, d'après ce que nous venons de voir, ce n'est pas aux frères lais capucins que s'adresse cet autre texte de la Clémentine, suivant lequel il a été statué, au Concile de Vienne, que ceux qui sont appliqués au service divin dans les églises, devant être excités à se faire ordonner le plus promptement possible, comme ils y sont obligés en raison de leur état, ils ne pourront en conséquence participer aux élections dans ces mêmes églises, qu'à la condition d'être au moins sous-diacres.

Septièmement. On ne peut croire que ce droit soit contraire au décret du Concile de Trente dans le Ch: 4 de la Session 22ᵉ, sur la Réforme des réguliers; surtout si l'on fait attention à la teneur de ce décret, qui prescrit que dans les églises cathédrales ou collégiales, régulières ou séculières, personne ne puisse concourir aux élections, si, comme on l'a dit plus haut, il n'est au moins sous-diacre. Par églises régulières, il est évident que l'on entend ici celles où il y a des chanoines que l'on appelle vulgairement *réguliers*, et celles où de vrais réguliers remplissent les fonctions de chanoines; et en effet telles sont plusieurs collégiales et même cathédrales, encore de nos jours : de telle sorte que là une église régulière ne peut pas être distinguée d'une cathédrale ou d'une collégiale, comme une troisième chose différente; autrement on pourrait alors faire une quatrième distinction, celle des églises séculières; et ainsi, ce qui est absurde, on distinguerait une cathédrale et une collégiale d'une église séculière et régulière. Mais cette division de séculière et de régulière s'applique à l'une et l'autre, de sorte que l'on veut entendre par là une cathédrale séculière ou régulière, et une collégiale également séculière ou régulière; et cela ne regarde nullement les maisons régulières, comme on le voit très clairement dans les déclarations du même Concile; et d'ailleurs le canon cité le contient de la façon la plus évidente en déclarant que le Concile n'a d'autre intention que de remettre en vigueur la Clémentine ci-dessus mentionnée; et par conséquent la pensée du Concile, c'est que les maisons des réguliers n'ont rien de commun avec les églises cathédrales ou collégiales.

Huitièmement. On oppose la concession de Pie V, en ce sens qu'elle aurait donné le suffrage dans les élections aux frères lais capucins, et le leur aurait donné par faveur et indult apostolique, nonobstant le Concile de Trente. Je réponds que cette concession n'est pas tant un privilège ou une dispense, qu'une déclaration et une confirmation d'un droit déjà reconnu : puisque le neuvième statut du Saint Concile de Trente a déclaré qu'il ne dérogeait en rien à ce droit ancien, droit qui n'est, n'était nullement abrogé par les prescriptions de ce Concile, qui par sa sanction en confirme l'usage comme parfaitement conforme à l'institut et à la règle de ce saint Ordre.

Neuvièmement. Depuis le Concile de Trente, comme auparavant, dans les temps antérieurs, aucune déclaration des Souverains Pontifes ou de Conciles n'a abrogé ce droit; mais il a été toujours conservé dans une parfaite intégrité et d'une manière inviolable sans interruption. En outre les constitutions des Frères Mineurs capucins, nouvellement édictées à Rome avec le plus grand soin et cela par un chapitre général, tenu en 1609, et rédigées en italien, puis confirmées par le Saint-Siège, déclarent formellement que ce droit mentionné appartient aux frères aussi bien qu'aux autres. Or ces mêmes constitutions portent qu'elles ne peuvent être modifiées à l'avenir que par un chapitre général. De plus les pères assemblés dans ce chapitre conjurent avec instance leurs successeurs des chapitres futurs de ne jamais rien innover, ni rien changer, ni rien retrancher à ces saintes constitutions, mais de les conserver dans toute leur pureté et leur intégrité, et de les observer avec la plus grande fidélité. Par toutes ces choses on voit facilement qu'il ne peut rien y avoir dans ces saintes constitutions de contraire aux canons du Concile de Trente, ou à tout autre décret eclésiastique; et s'il y avait eu quelque chose de contraire aux décrets dont nous parlons, les ordinaires ne les auraient certainement pas laissé imprimer.

Dixièmement. La teneur même des lettres données aux discrets qui doivent assister aux chapitres, et qui est formulée dans les susdites constitutions, confirme certainement et expressément tout ce que nous avons dit. Pour un discret, admis à concourir à l'élection d'un général ou d'un provincial, la formule de la lettre d'admission est conçue en ces termes : *Il est enjoint à vous, prêtre, ou frère lai*, formule qui suppose évidemment la voix active et passive pour les uns comme pour les autres. En agissant ainsi, on ne fait que s'appuyer sur les déclarations de la règle. On ne voit point pourquoi dans toutes les autres élections les frères lais ne seraient pas admis à la voix active, ce qui est moindre que de les admettre, comme on l'a fait, à la voix passive.

.. Après avoir approfondi avec le plus grand soin toutes les raisons ci-dessus énumérées, après avoir remarqué que ce droit se base sur la règle, sur les constitutions, sur une coutume perpétuelle, et qu'il n'a été infirmé par aucune loi ecclésiastique ou canonique; après avoir considéré d'autre part que les statuts généraux ne dérogent pas aux statuts particuliers, et cela d'après le droit commun, à moins que les constitutions générales ne fassent mention des constitutions particulières, et ne les révoquent par une clause particulière, ou n'expriment nommément quelque chose qui les révoque :

après toutes ces considérations, dis-je, je ne vois rien qui s'oppose à ce que les pieux frères lais des capucins de l'Ordre séraphique de Saint-François, réclament pour eux la voix active et passive, non comme un privilège, mais comme un droit attaché à leur profession; et que, conservant ce droit inviolablement et intégralement, ils le transmettent tel à leurs successeurs, quoi qu'en puissent souffrir leur humilité et leur modestie. Et la justice demande qu'ils s'efforcent par toutes sortes de moyens légitimes d'empêcher la perte d'un pareil droit ou sa révocation, ce que l'on a essayé de faire par le récent statut.

Tel est mon sentiment auquel je souscris,

Fr. Jean Nicolas.

J'approuve

Fr. Bissardon,
docteur théologien de la faculté de Paris.

Fr. George Levesque,
docteur régent.

On pourrait ajouter à ces célèbres autorités de messieurs de Sorbonne celle de quantité de pères de l'Ordre, et de toutes conditions, provinciaux, définiteurs des provinces, custodes, gardiens, lecteurs en théologie, prédicateurs et prêtres, qui se gardent religieusement à Paris, avec les procurations envoyées des religieux lais des provinces de France pour ce même sujet.

Suivent quelques copies de lettres du Roy envoyées aux provinces, où Sa Majesté ordonne de maintenir les religieux lais dans la jouissance de leurs droits de voix aux élections de l'Ordre, défendant d'y rien innover.

Mon cousin,

Il y a déjà quelque temps que notre Saint Père a fait expédier un Bref touchant les religieux capucins, l'exécution duquel apporterait très grand préjudice à leur Ordre, ainsi que l'on m'a fait entendre, étant contraire à leur règle, constitutions et coutumes gardées depuis le commencement de leur institution jusqu'à cette heure. Ce Bref tend à priver quelques-uns d'eux de concourir aux élections, où ils ont toujours eu voix et ont fait leur profession en cet usage, auquel la nouveauté que l'on voudrait apporter pourrait faire naître de grandes confusions et produire du scandale. Affectionnant cet Ordre comme je fais, je vous écris la présente pour vous ordonner de faire toutes instances et offices en mon nom près de notre Saint Père, à ce que Sa Sainteté révoque le dit Bref et trouve bon que les dits religieux demeurent dans les termes de leur règle, constitutions et coutumes pour ce qui est des voix actives et passives que les clercs et laïques ont eues jusqu'ici aux élections, et qu'il ne soit rien innové pour ce regard. J'ai cette affaire fort à cœur et serais très aise que les dits capucins y aient le contentement que je désire, et cependant j'ai donné ordre par toutes les provinces de mon royaume à ce que le dit Bref ne soit point exécuté, priant sur ce Dieu qu'il vous ait, mon cousin, en sa sainte garde.

Écrit à Versailles le 20 décembre 1640. *Signé :* LOUIS. Plus bas : BOUTILLIER. Et sur le repli de cet écrit : A mon cousin le maréchal d'Estrées, conseiller en mes conseils et mon ambassadeur extraordinaire à Rome.

Mon Cousin,

Il y a déjà quelque temps que notre Saint Père a fait expédier un Bref touchant les religieux capucins, l'exécution duquel apporterait très grand préjudice à leur Ordre, ainsi que l'on m'a fait entendre, étant contraire à leurs règle, constitutions et coutumes gardées depuis le commencement de leur institution juqu'à cette heure. Ce bref tend à priver quelques-uns d'eux de concourir aux élections, où ils ont toujours eu voix et ont fait leur profession dans cet usage, auquel la nouveauté que l'on voudrait apporter pourrait faire naître de grandes confusions et produire du scandale. Affectionnant cet Ordre comme je fais, je vous écris la présente pour vous prier de faire en sorte que notre Saint Père révoque le dit Bref et trouve bon que les dits religieux demeurent dans les termes de leur règle, constitutions et coutumes pour ce qui est des voix actives et passives que les clercs et laïques ont eues jusqu'ici aux élections, et qu'il ne soit rien innové pour ce regard ; j'ai cette affaire fort à cœur et serais très aise que les dits capucins y aient le contentement que je désire, priant sur ce Dieu qu'il vous ait, mon cousin, en sa sainte et digne garde.

Écrit à Versailles le 20 décembre 1640. *Signé : Louis*. Plus bas : *Boutillier*. Et sur le repli est écrit : A mon cousin le cardinal Antoine Barberin, protecteur et directeur des affaires de France en cour de Rome.

Monsieur de Vantorte,

Je vous ai écrit, il y a quelque temps, pour vous don-

ner avis que mon intention était d'empêcher que le père
général des capucins ne fît assembler aucun chapitre
dans les terres de mon obéissance, pour publier des
ordonnances ou constitutions nouvelles concernant le dit
Ordre, sans avoir obtenu auparavant nos lettres patentes vérifiées en nos cours souveraines selon l'usage ordinaire, et ayant appris depuis peu qu'il doit arriver
au premier jour dans la Provence un visiteur général,
pour tenir un chapitre avec dessein d'y faire recevoir
les mêmes ordonnances et constitutions nouvelles, j'ai
bien voulu faire encore cette lettre, pour vous dire que
vous teniez soigneusement la main à ce qu'il ne soit
rien innové dans les constitutions du dit Ordre, pour ce
qui concerne les religieux clercs et lais, tant jeunes
qu'anciens, voulant qu'ils soient maintenus dans la jouissance entière des droits que leur règle leur ordonne de
tout temps et des mêmes constitutions avec lesquelles
ils ont été reçus dans notre Royaume, par nos prédécesseurs Rois; vous ferez connaître, outre ce que dessus,
au père provincial de la Provence et aux supérieurs des
couvents du dit Ordre qui sont dans le dit pays, que je
ne désire pas qu'ils tiennent leurs chapitres provinciaux
hors des terres de mon obéissance, sans avoir ma permission pour cet effet et m'assurant que vous apporterez
la conduite et la prudence nécessaire pour l'exécution
de ce qui est en cela de ma volonté. Je prie Dieu qu'il
vous ait, Monsieur de Vantorte, en sa sainte garde.

Écrit à saint-Germain en Laye le 8ᵉ jour de novembre
1641. *Signé* : Louis et plus bas : Sublet. Et sur le repli
est écrit : A Monsieur de Vantorte, conseiller en mon
conseil d'État, maître des requêtes ordinaire de mon
hôtel, intendant de la justice, police et finance de
Provence.

Monsieur Molé,

Il y a quelque temps que je donnais ordre pour empêcher que le père général des capucins ne tînt chapitre et ne publiât aucune ordonnance, ni constitutions nouvelles dans toutes les terres de mon obéissance sans qu'au préalable il ne les eût communiquées à mon conseil et obtenu mes lettres patentes vérifiées en mes cours souveraines, suivant la coutume de mon Royaume. Maintenant ayant appris qu'il vient un commissaire d'Italie ou visiteur général pour le même sujet, je vous ai bien voulu faire cette lettre, afin qu'en ce qui dépend du pouvoir de votre charge, vous l'empêchiez dans l'étendue du ressort de ma cour de parlement de Paris, de tenir chapitre, et qu'il ne se publie ni reçoive aucunes constitutions, brefs, bulles, ordonnances de la part de qui que ce soit, qu'il n'ait été satisfait à ce que dessus, comme aussi mon intention est que les religieux clercs et lais soient maintenus dans la jouissance de leurs droits de voix active et passive aux élections de l'Ordre, dont ils sont en possession, selon qu'ils en ont bien et dûment joui depuis leur institution jusqu'à présent; et pour ce que je suis aussi averti que l'on veut faire passer des ordonnances nouvelles du cardinal S. Onofre, contre la résolution prise dans l'assemblée nationale des supérieurs de cet Ordre en France tenue dans ma ville de Paris, vous tiendrez la main à ce qu'il ne soit rien fait au préjudice de mes ordres, et du bien et repos commun des religieux, et me donnerez avis de ce qui viendra à votre connaissance sur ce sujet, vous assurant que les soins qu'y apporterez me seront très agréables, et sur ce je prie Dieu, Monsieur Molé, qu'il vous ait en sa sainte garde.

Écrit à Saint-Germain en Laye, le 27ᵉ jour de novembre 1641. *Signé :* LOUIS, et plus bas : DE LOMÉNIE. Et sur le repli est écrit : A Monsieur Molé, conseiller en mon conseil d'État et premier président en ma cour de parlement.

De par le Roi.

Cher et bien-aimé. Il y a quelque temps que nous avons mandé l'ordre que nous avons donné, pour empêcher que le père général des capucins ne tînt aucun chapitre et ne publiât aucunes ordonnances ni constitutions nouvelles par toutes les terres de notre obéissance, sans qu'auparavant il ne les eût communiquées à notre Conseil et obtenu nos lettres patentes vérifiées en nos cours souveraines, suivant la coutume de notre Royaume. Mais comme nous apprenons maintenant qu'il vient un commissaire d'Italie ou visiteur général, pour ce même sujet, nous vous faisons derechef cette lettre pour vous dire que notre intention est qu'il ne tienne chapitre et qu'il ne reçoive, ni publie aucunes constitutions, brefs, bulles ni ordonnances de la part de qui que ce soit, qu'au préalable il n'ait été satisfait à ce que dessus ; comme aussi nous entendons que les religieux clercs et lais soient maintenus dans la jouissance de leurs droits de voix active et passive aux élections de l'Ordre, dont ils sont en possession depuis son institution, selon qu'ils en ont bien et dûment joui jusqu'à présent. En quoi nous voulons croire que vous donnerez entière satisfaction et même que, s'il s'était passé quelque chose sur ce sujet au précédent de ce que dessus, que vous le ferez incontinent rétablir ; n'y faites donc point de faute. Car tel est notre bon plaisir.

Donné à Saint-Germain en Laye le 22 novembre 1641. *Signé* : Louis. Et plus bas : DE LOMÈNIE. Et sur le repli est écrit : A notre cher et bien-aimé le père provincial des capucins de la province de Paris.

De par le Roi.

Cher et bien-aimé. Il y a quelque temps que je vous fis savoir l'ordre que j'avais donné pour empêcher que le père général des capucins ne tînt chapitre et ne publiât aucunes ordonnances ni constitutions nouvelles dans toutes les terres de mon obéissance, sans qu'auparavant il ne les eût communiquées à notre Conseil et obtenu nos lettres patentes vérifiées en nos cours souveraines, suivant la coutume de notre Royaume. Maintenant je suis averti qu'il vient un commissaire d'Italie ou visiteur général pour ce même sujet ; c'est pourquoi comme notre intention est que les religieux clercs et lais soient maintenus en la jouissance de leurs droits de voix actives et passives aux élections de l'Ordre, dont ils sont en possession depuis leur institution jusqu'à maintenant, Nous faisons derechef une dépêche aux gouverneurs de nos provinces et intendants de justice, premiers présidents de nos cours souveraines, comme aussi aux pères provinciaux, afin qu'il ne soit tenu aucuns chapitres où il se publie ni reçoive constitutions, brefs, bulles et ordonnances, de la part de qui que ce soit, qu'au préalable il n'ait été satisfait à ce que dessus, et s'il était passé quelque chose au préjudice de nos ordres, qu'il soit incontinent rétabli : de quoi nous avons voulu vous informer par celle-ci, afin qu'à votre égard vous teniez la main à ce que nos ordres soient observés sans qu'il y soit contrevenu, vous ordonnant de nous donner avis de ce qui se passera, et que fassiez imprimer les mémoires et résolutions données des docteurs de Sorbonne et autres à nous présentées, afin qu'ils servent en temps et lieux pour la conservation de vos droits et saintes coutumes que nous voulons être observées et gardées inviolablement.

Donné à Versailles le 9 janvier 1642. *Signé :* LOUIS. Et plus bas : BOUTILLIER. Et sur le repli est écrit : A nôtre cher et bien-aimé religieux le frère Bernard de Paris, capucin, agent des capucins à Paris.

Ce même ordre a été donné à Saint-Germain le 24 novembre 1641. *Signé* : LOUIS. Et plus bas, PHILIPEAUX.

Ce qui suit est pris dans la seconde édition de 1643, pour compléter celle de 1642.

Père provincial, comme j'affectionne particulièrement votre Ordre, mon intention est de contribuer en tout ce qui dépend de moi pour son bien dans ce royaume et terres de mon obéissance; à cet effet sur ce que l'on m'a appris que ce qui a été innové à Rome touchant les frères lais pourrait causer de fâcheuses suites, je vous ordonne qu'au prochain chapitre provincial vous laissiez, selon la coutume ancienne de l'Ordre, concourir aux élections ceux qui ont passé quatre années dans la religion, ou bien vous attendrez de tenir le dit chapitre jusqu'à ce que mon ambassadeur à Rome m'ait fait savoir quel sera le sentiment de notre Saint-Père sur ce sujet; la présente n'étant à autre fin, je prie Dieu qu'il vous ait, père provincial, en sa sainte garde.

Écrit au Plessis-les-Bois le 14 septembre 1642. *Signé :*

Louis; et plus bas : Boutillier. Et sur le repli est écrit : Au père provincial des capucins de Gascogne.

Il faut observer que depuis l'année 1637 que le Bref si préjudiciable aux frères lais a été rendu subrepticement, qu'ils ont fait tout leur possible, autorisés de leurs supérieurs, à la cour de Rome pour faire révoquer le dit Bref et empêcher l'exécution. Mais quelques instances qu'ils aient pu faire, elle n'a point voulu écouter leurs remontrances ni avoir égard à leurs raisons, et qu'au contraire les frères lais des provinces de France ont appris que le général des capucins, qui vient en France pour y faire ses visites a ordre de Rome de publier le dit Bref dans les chapitres qu'il y tiendra, pour ensuite le faire observer; et comme cette nouveauté causerait un schisme et un scandale universel dans l'Ordre, les dits frères lais de France autorisés, comme il est dit, ont eu recours à la bonté et à l'autorité de Louis le Juste, leur roi et prince naturel, et ont supplié Sa Majesté de leur accorder sa royale protection, pour faire auprès de notre Saint-Père le pape révoquer le dit Bref, et cependant d'en empêcher l'exécution, ni qu'il soit publié en façon que ce puisse être dans les chapitres provinciaux, ni dans les couvents de l'étendue de son royaume, et qu'en attendant la révocation du dit Bref, les frères lais demeureront dans la possession et jouissance, où ils sont depuis leur institut, suivant qu'ils ont fait profession, et que les capucins ont été reçus en France, de concourir activement et passivement en toutes les élections qui se font parmi eux; le Roy a eu la bonté d'écouter favorablement la très humble remontrance des dits frères, et afin que Sa Majesté connût parfaitement le fait et droit de cette affaire, elle s'est fait instruire et informer de leurs droits par des

personnes savantes et pieuses qui lui en ont fait voir la
vérité et la justice, et qui lui ont présenté pour cet effet
des apologies, dissertations et des résolutions de Sorbonne, lesquelles après avoir été examinées dans son
Conseil ont été trouvées si judicieuses, que Sa Majesté
a ordonné par sa lettre de cachet datée à Versailles le
9 janvier 1642 de les faire imprimer les unes et les
autres pour les conserver et s'en servir en temps et lieu
pour la défense des dits frères; et pour donner des
marques de sa protection spéciale et empêcher absolument qu'il ne fût rien fait à leur préjudice, elle a fait
écrire à son ambassadeur à Rome de faire toutes les
diligences possibles auprès de Sa Sainteté, pour obtenir
révocation du dit Bref, et pour prévenir qu'il ne soit rien
fait ni publié dans le Royaume, soit par le général ou
autres personnes, au désavantage des dits frères. Sa Majesté a fait aussi écrire à tous les provinciaux des capucins des provinces de France, pour s'opposer à ce qu'il
ne soit rien fait, ni publié dans les couvents ni dans les
chapitres contre ses ordres; semblables lettres ont été
envoyées à tous les premiers présidents des parlements
du royaume, à tous les gouverneurs des provinces, et
à tous les intendants de justice, afin d'empêcher et tenir la main chacun en droit soi, à ce qu'il ne soit rien
fait ni publié contre les droits dont les dits frères jouissent depuis leur institut comme il est plus au long porté
par les dites lettres, dont les copies de quelques-unes
sont ci-dessus.

Certificat de Monseigneur Molé, premier président du parlement de Paris, qui prouve que c'est lui qui a fait imprimer cet ouvrage par l'ordre du Roi, et qu'il en a fait la dépense.

Nous Mathieu Molé, conseiller du Roi en ses conseils, et premier président en sa cour de parlement : Certifions à tous qu'il appartiendra qu'ayant reçu commandement du Roi de tenir la main à ce que les frères lais capucins fussent maintenus en leur droit et possession de concourir aux élections par leurs suffrages également avec les religieux clercs; et ayant vu un écrit contenant leurs raisons, que nous avons donné ordre sans le sû de l'Auteur qu'il fût imprimé, et fait satisfaire l'imprimeur, et même ayant appris que le R. P. Honoré, provincial, avait fait défendre de le lire, nous l'aurions envoyé quérir pour lui dire qu'il ne pouvait ignorer la volonté du Roi, puisqu'il l'avait connue par les lettres de cachet qui lui avaient été écrites de sa part, qu'il devait l'obéissance au commandement de Sa Majesté, et qu'il eût à lever les défenses afin de laisser la liberté aux religieux de sa province de lire le petit livre qui avait été imprimé à ce sujet, autrement qu'il y serait pourvu : en témoin de quoi nous avons signé ces présentes. A Paris le vingt-cinq mars, mil six cent quarante-trois.

Signé : MOLÉ.

FIN.

TYPOGRAPHIE FIRMIN-DIDOT. — MESNIL (EURE).

www.ingramcontent.com/pod-product-compliance
Ingram Content Group UK Ltd.
Pitfield, Milton Keynes, MK11 3LW, UK
UKHW021900070726
13613UKWH00001B/248